## 오십음도(五十音図) ひらがな

| 단\행 | あ행 | か행 | さ행 | た행 | な행 | は행 | ま행 | や행 | ら행 | わ행 | ん |
|---|---|---|---|---|---|---|---|---|---|---|---|
| あ단 | あ<br>a | か<br>ka | さ<br>sa | た<br>ta | な<br>na | は<br>ha | ま<br>ma | や<br>ya | ら<br>ra | わ<br>wa | ん<br>n/m/ŋ/N |
| い단 | い<br>i | き<br>ki | し<br>si | ち<br>chi | に<br>ni | ひ<br>hi | み<br>mi | (い)<br>i | り<br>ri | (い)<br>i | |
| う단 | う<br>u | く<br>ku | す<br>su | つ<br>tsu | ぬ<br>nu | ふ<br>hu | む<br>mu | ゆ<br>yu | る<br>ru | (う)<br>u | |
| え단 | え<br>e | け<br>ke | せ<br>se | て<br>te | ね<br>ne | へ<br>he | め<br>me | (え)<br>e | れ<br>re | (え)<br>e | |
| お단 | お<br>o | こ<br>ko | そ<br>so | と<br>to | の<br>no | ほ<br>ho | も<br>mo | よ<br>yo | ろ<br>ro | を<br>(o) | |

※ (い)=ゐ, (え)=ゑ는 현대문에는 사용치 않고 고어문(古語文)에서만 사용.

## 오십음도(五十音図) カタカナ

| 단＼행 | あ행 | か행 | さ행 | た행 | な행 | は행 | ま행 | や행 | ら행 | わ행 | ん |
|---|---|---|---|---|---|---|---|---|---|---|---|
| あ단 | ア<br>a | カ<br>ka | サ<br>sa | タ<br>ta | ナ<br>na | ハ<br>ha | マ<br>ma | ヤ<br>ya | ラ<br>ra | ワ<br>wa | ン<br>n/m/ŋ/N |
| い단 | イ<br>i | キ<br>ki | シ<br>si | チ<br>chi | ニ<br>ni | ヒ<br>hi | ミ<br>mi | | リ<br>ri | | |
| う단 | ウ<br>u | ク<br>ku | ス<br>su | ツ<br>tsu | ヌ<br>nu | フ<br>hu | ム<br>mu | ユ<br>yu | ル<br>ru | | |
| え단 | エ<br>e | ケ<br>ke | セ<br>se | テ<br>te | ネ<br>ne | ヘ<br>he | メ<br>me | | レ<br>re | | |
| お단 | オ<br>o | コ<br>ko | ソ<br>so | ト<br>to | ノ<br>no | ホ<br>ho | モ<br>mo | ヨ<br>yo | ロ<br>ro | ヲ<br>(o) | |

# 3단계 왕초보
# 일본어 쓰기교본

국립중앙도서관 출판시도서목록(CIP)

3단계 왕초보 일본어 쓰기 교본 / 감수자: 이치우, 오오또모 후미꼬.
-- 서울 : 창, 2017  p. ; cm

권말부록: 일본어 기본 어휘 ; 기본 문장 쓰기
본문은 한국어, 일본어가 혼합수록됨
ISBN 978-89-7453-427-1 13730 : ₩10000

일본어 교본[日本語敎本]
가나(일본어)[假名]

731.23-KDC6
495.61-DDC23   CIP2017019979

## 3단계 왕초보 일본어 쓰기 교본

2025년 2월 15일 4쇄 인쇄
2025년 2월 25일 4쇄 발행

**감수자** | 이치우/오오또모후미꼬
**펴낸이** | 이규인
**펴낸곳** | 도서출판 **창**
**등록번호** | 제15-454호
**등록일자** | 2004년 3월 25일

**주소** | 서울특별시 마포구 용강동 117-4 월명빌딩 1층
**전화** | (02) 322-2686, 2687 / **팩시밀리** | (02) 326-3218
**홈페이지** | http://www.changbook.co.kr
**e-mail** | changbook1@hanmail.net

ISBN 978-89-7453-427-1  13730

정가 10,000원
*잘못 만들어진 책은 〈도서출판 **창**〉에서 바꾸어 드립니다.

*이 책의 저작권은 〈도서출판 **창**〉에 있습니다.
  저작권법에 의해 보호를 받는 저작물이므로 무단 전재와 복제를 금합니다.

# 3단계 왕초보
# 일본어 쓰기교본

이치우 · 오오또모후미꼬 감수

창
Chang Books

# F·o·r·e·w·o·r·d

## 머리말

여러분은 지금 국제화 시대에 살고 있습니다. 영어와 마찬가지로 일본어는 여러분과 뗄래야뗄 수 없는 불가분의 관계입니다. 또한 한국어와 어순이 비슷해서 다른 언어보다 훨씬 친근감을 느낄 수 있어 쉽게 배울 수 있음에 틀림없습니다.

이러한 시대 상황을 고려하여 편집·제작된 '3단계 왕초보 일본어 쓰기 교본'은 일본어학습 교육과정의 기본 문자인 히라가나와 가타카나를 초보부터 체계적으로 학습하려는 학습자들을 위하여 만들어졌습니다. 기초부터 누구나 부담없이 공부할 수 있도록 하였으며, 일본어 공부에서 가장 걸림돌이 되는 쓰기와 읽기를 마스터하도록 구성되었습니다. 일본어를 바르게 습득하기 위해서는 가나(かな)의 바른 표기와 정확한 발음이 기본적으로 갖추어져야 합니다. 그러한 어휘학습 효과를 높이기 위해 만들어진 이 책의 특징을 살펴보면,

Part I     1스텝 – 일본어 문자와 발음
Part II    2스텝 – 히라가나 쓰기
Part III   3스텝 – 가타카나 쓰기
**부록**

이와 같이 단계별로 분류한 후, 중요도에 따라 알기쉽게 히라가나와 가타카나 순으로 배열·수록하였습니다. 게다가 단어를 쉽게 외울 수 있도록 생생하고 유익한 단어만을 엄선해, 최신의 주요 일일사전과 인터넷의 자료를 참조하였으며, 단어의 뜻도 일일사전에서 직접 옮겨왔을 뿐만 아니라, 히라가나, 가타카나, 한자 등 각 단어마다 친근함을 주기 위해 생생한 그림으로 표현하여 초보자도 쉽게 따라 할 수 있도록 로마자와 우리말로 발음하였습니다.

일본어 학습에 있어서 보기, 듣기, 말하기, 쓰기를 동시에 종합적으로 익힐 수 있는 이 교재는 일본어를 제2외국어로 공부하려는 중고생이나 대학생 학습자들에게 어려운 과정을 거치지 않고 일본어 문자와 기본단어를 습득하도록 하였습니다.

다시 말해서, 일본어 공부의 첫고비는 히라가나와 가타카나의 암기에 달려 있다고 해도 과언이 아니며, 실제로 일본어를 공부하고자 했던 학습자 중에서 중도에 포기한 사

# Foreword

람들의 대다수가 히라가나를 암기하지 못했기 때문입니다. 따라서 히라가나와 가타카나의 암기는 아무리 강조해도 지나침이 없으리라 생각됩니다.

이러한 학습 조건을 충족시키기 위해 'ひらがな'와 'カタカナ'의 필순에 따른 표기연습과 또한 기본뜻 외에 반복하여 연습하도록 그림도 함께 실어 연상효과도 얻을 수 있도록 하였으며, 시대상황을 고려하여 많이 사용하는 외래어를 중심으로 첨가하였습니다. 부록은 일본어 학습에 꼭 필요한 알찬 내용만을 엄선하여 실었습니다. 학습에 조언을 드린다면 일본어의 대부분이 히라가나로 되어 있기 때문에 우선 히라가나를 암기하신 다음 가타카나를 암기하는 것이 훨씬 효과적으로 학습할 수 있을 것입니다.

이 책은 발음편을 보강하여 더욱 정확한 일본어 문자의 발음을 익힐 수 있도록 하였으니 발음편을 적극 활용하고, 반복해서 학습함으로써 일본어와 친숙해지는 계기가 되었으면 합니다.

참고로 이 책을 학습하는 데 필요한 사용기호를 살펴보면 이해하기 쉽습니다.

## c·o·n·t·e·n·t·s

**차례**

- 머리말   4
- Part I 1단계 일본어 문자와 발음   7
  - 1. 일본어 문자   8
  - 2. 일본어 발음   14
  - 3. 특수음절   14
- Part II 2단계 히라가나 쓰기   27
  - 단어 연습   69
- Part III 3단계 가타카나 쓰기   81
  - 단어 연습   123

〈부록〉   135
- 일본어 기본 어휘   136
- 숫자 쓰기   143
- 기초 회화 문장 쓰기   146

# 3단계 왕초보 일본어 쓰기교본

## Part I

### 1단계

## 일본어 문자와 발음

1. 일본어 문자
2. 일본어 발음
3. 특수음절

# 1. 일본어 문자

## 1) 일본어 기본 문자

일본어 문자는 가나(仮名)라고 하는 히라가나(ひらがな), 가타카나(カタカナ)와 한자(漢字)로 이루어져 있다. 히라가나는 일상적인 일본어를 사용할 때 사용하고, 가타가나는 기본적으로 외래어를 쓸 때 사용하며 가나는 음절문자(한 음절이 하나의 음소)로 이루어져 있다. 그 외에 알파벳, 아라비아숫자, 로마숫자, 그리스문자(수학공식)의 보조문자가 있다.

① 히라가나[平仮名:ひらがな]는 헤이안(平安)시대(대략 9~10세기경)에 성립된 것으로 한자의 초서체에서 모양을 본뜬 것으로 현대일본어에서 주로 사용한다. 여성들이 개인적인 글이나 편지, 기행문 등을 표기하는 데 사용하였으나 현대에는 남녀노소 누구나 사용하는 문자다.
  예) 安→あ 以→い 字→う 比→ひ 加→か

② 가타카나[片仮名:カタカナ]는 헤이안(平安)시대(대략 9~10세기경)에 성립된 것으로 한자의 부수나 편(編)에서 발달한 것으로 남성들이 한자나 한문을 읽기 위한 편의를 위해서 창안되었다. 현대는 외래어, 외국의 인명·지명, 의성어·의태어, 동·식물이름, 질병명, 전보문 등을 표기하는 데 사용되고 있다.
  예) 阿→ア 伊→イ 宇→ウ 比→ヒ 加→カ

③ 한자(漢字)는 일본에 문자가 없던 시대에 중국에서 들어와 가나가 발명되기 전까지 쓰였다. 현재 일본에서는 1,945자의 상용한자(常用漢字)를 정하여 일반적인 사회생활을 하는 데 필요한 한자 사용의 기준을 마련하고 있다. 일본의 한자 읽기는 우리나라와는 달리 음독(音讀)과 훈독(訓讀)이 있어 한자학습에 다소 어려움이 있기도 하다.
  예) 韓國人(かんこくじん)-음독  南(みなみ)-훈독

## 2) 오십음도(五十音圖 : ごじゅうおん)

　일본 고유의 문자인 **히라가나**(ひらがな: 한자의 초서체에서 따옴)와 **가타카나**(カタカナ: 한자의 일부분을 따옴)를 「가나(かな)」라 부르고, 이것의 50음을 체계적으로 정리하여 5개단(段), 10개행(行)으로 배열한 도표를 오십음도(五十音圖)라고 한다. 단, 받침으로 사용되는 ん/ン은 속하지 않는다.

　가나 문자의 특징은 한 문자가 한 음절을 나타낸다는 데 있다. 한 문자는 한 음절을 표시하며 한 박자만큼의 발음시간을 갖는다. 다만 「きゃ[kya], きゅ[kyu], きょ[kyo]」 등의 요음(拗音)에서 작은 글자로 쓴 「ゃ, ゅ, ょ」는 각 음절의 보조적인 요소로 쓰인 것이므로 앞의 주요소에 흡수되어 음절로서의 자격을 잃고 「きゃ, きゅ, きょ」가 각각 한 음절로 된다.

| 단＼행 | あ행 | か행 | さ행 | た행 | な행 | は행 | ま행 | や행 | ら행 | わ행 | ん |
|---|---|---|---|---|---|---|---|---|---|---|---|
| あ단 | あ a | か ka | さ sa | た ta | な na | は ha | ま ma | や ya | ら ra | わ wa | ん n/m/ŋ//N |
| い단 | い i | き ki | し si | ち chi | に ni | ひ hi | み mi | (い) i | り ri | (い) i | |
| う단 | う u | く ku | す su | つ tsu | ぬ nu | ふ hu | む mu | ゆ yu | る ru | (う) u | |
| え단 | え e | け ke | せ se | て te | ね ne | へ he | め me | (え) e | れ re | (え) e | |
| お단 | お o | こ ko | そ so | と to | の no | ほ ho | も mo | よ yo | ろ ro | を (o) | |

※ 조사 「は・へ・を」의 특별한 발음
- 「は」는 보통 [ha]로 발음되나 조사일 때는 [wa]로 발음한다.
- 「へ」는 보통 [he]로 발음되나 조사일 때는 [e]로 발음한다.
- 「を」는 보통 「お」와 같으나 일반단어로 사용되지 않고 목적격 조사로만 쓰인다.

## ① 히라가나(ひらがな)

　3~4세기경, 문자가 없었던 일본인은 중국에서 전래된 한자를 이용하여 일본어로 표현하였다. 그리고 9세기경에 이르러 〈安〉→〈あ〉, 〈宇〉→〈う〉 극도로 간략하게 한것이 히라가나이다. 히라가나가 만들어진 당시에는 주로 여성들이 사용했는데, 11세기 중엽부터는 남성들도 사적인 기록에 사용하기 시작하여 지금의 현대어 표기문자에 이르렀다.

| 행＼단 | あ단 | い단 | う단 | え단 | お단 |
|---|---|---|---|---|---|
| あ행 | あ 安<br>아[a] | い 以<br>이[i] | う 宇<br>우[u] | え 衣<br>에[e] | お 於<br>오[o] |
| か행 | か 加<br>카[ka] | き 幾<br>키[ki] | く 久<br>쿠[ku] | け 計<br>케[ke] | こ 己<br>코[ko] |
| さ행 | さ 左<br>사[sa] | し 之<br>시[shi] | す 寸<br>스[su] | せ 世<br>세[se] | そ 曾<br>소[so] |
| た행 | た 太<br>타[ta] | ち 知<br>치[chi] | つ 川<br>쓰[tsu] | て 天<br>테[te] | と 止<br>토[to] |
| な행 | な 奈<br>나[na] | に 仁<br>니[ni] | ぬ 奴<br>누[nu] | ね 祢<br>네[ne] | の 乃<br>노[no] |
| は행 | は 波<br>하[ha] | ひ 比<br>히[hi] | ふ 不<br>후[fu] | へ 部<br>헤[he] | ほ 保<br>호[ho] |
| ま행 | ま 末<br>마[ma] | み 美<br>미[mi] | む 武<br>무[mu] | め 安<br>메[me] | も 毛<br>모[mo] |
| や행 | や 也<br>야[ya] |  | ゆ 由<br>유[yu] |  | よ 與<br>요[yo] |
| ら행 | ら 良<br>라[ra] | り 利<br>리[ri] | る 留<br>루[ru] | れ 礼<br>레[re] | ろ 呂<br>로[ro] |
| わ행 | わ 和<br>와[wa] |  |  |  | を 遠<br>오[o/wo] |
|  | ん 无<br>응[n/m/ŋ/N] |  |  |  |  |

※ 별색으로 표기된 글자는 히라가나의 자원(字源)입니다.

## ② 가타카나(カタカナ)

9세기 초, 승려가 불전연구를 하면서 한자를 생략기호로 사용했던 것이 지금의 가타카나로 발전되었다고 전해진다. 예를 들면, 〈阿〉→〈あ〉, 〈伊〉→〈あ〉처럼, 생략된 것이 가타카나이다.

지금은 주로 외래어, 고유명사, 강조하는 단어의 표기에 사용되고 있다.

| 행\단 | ア단 | イ단 | ウ단 | エ단 | オ단 |
|---|---|---|---|---|---|
| ア행 | ア 阿 아[a] | イ 伊 이[i] | ウ 宇 우[u] | エ 江 에[e] | オ 於 오[o] |
| カ행 | カ 加 카[ka] | キ 幾 키[ki] | ク 久 쿠[ku] | ケ 介 케[ke] | コ 己 코[ko] |
| サ행 | サ 散 사[sa] | シ 之 시[shi] | ス 須 스[su] | セ 世 세[se] | ソ 曾 소[so] |
| タ행 | タ 多 타[ta] | チ 千 치[chi] | ツ 川 쓰[tsu] | テ 天 테[te] | ト 止 토[to] |
| ナ행 | ナ 奈 나[na] | ニ 二 니[ni] | ヌ 奴 누[nu] | ネ 祢 네[ne] | ノ 乃 노[no] |
| ハ행 | ハ 八 하[ha] | ヒ 比 히[hi] | フ 不 후[fu] | ヘ 部 헤[he] | ホ 保 호[ho] |
| マ행 | マ 末 마[ma] | ミ 三 미[mi] | ム 牟 무[mu] | メ 女 메[me] | モ 毛 모[mo] |
| ヤ행 | ヤ 也 야[ya] |  | ユ 由 유[yu] |  | ヨ 與 요[yo] |
| ラ행 | ラ 良 라[ra] | リ 利 리[ri] | ル 流 루[ru] | レ 禮 레[re] | ロ 呂 로[ro] |
| ワ행 | ワ 和 와[wa] |  |  |  | ヲ 乎 오[wo] |
|  | ン 爾 응[n/m/ŋ/N] |  |  |  |  |

※ 별색으로 표기된 글자는 가타카나의 자원(字源)입니다.

# 1단계

### ③ 행(行:ぎょう)

50음도에서 종(縦:세로)으로 읽어 내려가는 것이며, 예를 들어 あ행의 문자는 「あ, い, う, え, お」이다. 즉, 동일한 **자음의 문자 모임**이라 할 수 있으며 청음의 문자 10개 행이 있고, 탁음과 반탁음의 문자 5개 행이다.

| あ행 | か행 | さ행 | た행 | な행 | は행 | ま행 | や행 | ら행 | わ행 | |
|---|---|---|---|---|---|---|---|---|---|---|
| あ a | か ka | さ sa | た ta | な na | は ha | ま ma | や ya | ら ra | ら ra | ん n/m/ŋ/N |
| い i | き ki | し si | ち ti | に ni | ひ hi | み mi | | り ri | | |
| う u | く ku | す su | つ tu | ぬ nu | ふ hu | む mu | ゆ yu | る ru | | |
| え e | け ke | せ se | て te | ね ne | へ he | め me | | れ re | | |
| お o | こ ko | そ so | と to | の no | ほ ho | も mo | よ yo | ろ ro | を o | |

| が행 | ざ행 | だ행 | | ば행 | ぱ행 |
|---|---|---|---|---|---|
| が ga | ざ za | だ da | | ば ba | ぱ pa |
| ぎ gi | じ zi | ぢ zi | | び bi | ぴ pi |
| ぐ gu | ず zu | づ zu | | ぶ bu | ぷ pu |
| げ ge | ぜ ze | で de | | べ be | ぺ pe |
| ご go | ぞ zo | ど do | | ぼ bo | ぽ po |

④ 단(段:だん)

50음도에서 횡(横:가로)으로 읽어가는 것이며, 예를 들어 あ단의 문자는 「あ, か, さ, た, な, は, ま, や, ら, わ」이다. 동일한 모음의 문자 모임이라 할 수 있으며 5개 단이다.

## 2. 일본어 발음

### 1) 일본어 음절의 구조

일본어는 가나 하나하나가 음절을 나타낸다. 예외는 「きゃ, きゅ, きょ」처럼 요음의 경우이다. 한국어보다 단순하고 V형, CV형 등 음이 적을 뿐만 아니라, 음절구조도 극히 단순하다. 또 일본어의 음절에는 반드시 모음에서 끝나는 특징이 있다. 이것을 「개음절(open syllable)」이라고 한다. 그리고 일본어에서는 각 음절이 거의 같은 길이로 발음되는데, 이 같은 등시성을 가진 음절을 「박(拍)」이라고 하는데 일본어의 특징이다.

| 음절의 종류 | 음절의 구조 | 예 |
| --- | --- | --- |
| 표준음절 | 자음(C) + 모음(V) | か(k+a) |
| 모음음절 | 모음(V) | あ(a) |
| 요음음절 | 자음(C) + 반모음(S) + 모음(V) | きゃ(k+y+a) |

일본어의 모음은 あ행 「あ(a), い(i), う(u), え(e), お(o)」이고, 반모음은 「や(ya), ゆ(yu), よ(yo)」이고, 나머지는 자음이다. 즉, 50음도의 50개 글자 중 지금은 쓰이지 않는 4개 글자를 제외한 46글자이다.

일본어는 크게 청음(淸音), 탁음(濁音), 반탁음(半濁音), 요음(拗音)으로 분류하고 그 외에 특수음절로 분류되는 발음(撥音), 촉음(促音), 장음(長音) 등이 있다.

## 2) 청음(清音 : せいおん)

　청음은 탁음(˚)이나 반탁음(°)의 부호가 붙지 않은 맑은 소리로 발음되는 가나(仮名)이며 자음(子音), 모음(母音), 반모음(半母音)으로 구분되는 무성음 44음이다. (현대 일본어에서는 ワ행의 「ヲ」는 「ア행」의 「オ」와 같은 발음을 한다.)

● あ행

| あ ア 아[a] | い イ 이[i] | う ウ 우[u] | え エ 에[e] | お オ 오[o] |
|---|---|---|---|---|
|  |  |  |  |  |
| あり 아리<br>개미 | いす 이스<br>의자 | うし 우시<br>소 | えさ 에사<br>먹이 | オレンジ 오렌지<br>오렌지 |

● か행

| か カ 카[ka] | き キ 키[ki] | く ク 쿠[ku] | け ケ 케[ke] | こ コ 코[ko] |
|---|---|---|---|---|
|  |  |  |  |  |
| かえる 카에루<br>개구리 | きく 키꾸<br>국화 | クラブ 구라브<br>게살 | けが 케가<br>상처 | こえ 코에<br>목소리 |

## 1단계

● さ행

| さ サ 사[sa] | し シ 시[si] | す ス 스[su] | せ セ 세[se] | そ ソ 소[so] |
|---|---|---|---|---|
| |  |  | |  |
| さくら 사꾸라<br>벗꽃 | しか 시까<br>사슴 | すいか 스이까<br>수박 | せいふく 세이후꾸<br>제복 | ソース 소쓰<br>소스 |

● た행

| た タ 타[ta] | ち チ 치[chi] | つ ツ 츠[tsu] | て テ 테[te] | と ト 토[to] |
|---|---|---|---|---|
|  |  |  |  | 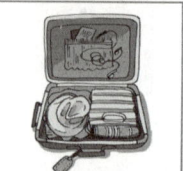 |
| たこ 타꼬<br>문어 | ちび 치비<br>꼬마 | つくえ 츠꾸에<br>책상 | てぶくろ 테부쿠로<br>장갑 | トランク 토랑크<br>트렁크 |

● な행

| な ナ 나[na] | に ニ 니[ni] | ぬ ヌ 누[nu] | ね ネ 네[ne] | の ノ 노[no] |
|---|---|---|---|---|
|  |  |  |  |  |
| なし 나시<br>배 | にく 니꾸<br>고기 | ヌードル 누들<br>누들 | ねこ 네꼬<br>고양이 | のりもの 노리모노<br>탈것 |

일본어 문자

● は행

| は ハ 하[ha] | ひ ヒ 히[hi] | ふ フ 후[hu] | へ ヘ 헤[he] | ほ ホ 호[ho] |
|---|---|---|---|---|
|  |  |  |  |  |
| はさみ 하사미<br>가위 | ひこうき 히꼬우끼<br>비행기 | ふく 후꾸<br>옷 | へや 헤야<br>방 | ホテル 호테루<br>호텔 |

● ま행

| ま マ 마[ma] | み ミ 미[mi] | む ム 무[mu] | め メ 메[me] | も モ 모[mo] |
|---|---|---|---|---|
|  |  |  |  |  |
| まち 마찌<br>거리 | みせ 미세<br>가게 | ムード 무도<br>분위기 | めがね 메가네<br>안경 | もも 모모<br>복숭아 |

● や행

| や ヤ 야[ya] | ゆ ユ 유[yu] | よ ヨ 요[yo] |
|---|---|---|
|  |  |  |
| やま 야마<br>산 | ゆき 유끼<br>눈 | ヨーグルト 요구르트<br>요구르트 |

**1단계**

● ら행

| ら ラ 라[ra] | り リ 리[ri] | る ル 루[ru] | れ レ 레[re] | ろ ロ 로[ro] |
|---|---|---|---|---|
|  |  |  | |  |
| らん 아메<br>난 | りつ 리쯔<br>비율 | ルーム 루-무<br>교실(룸) | れつ 레쯔<br>열, 줄 | ろうじん 로-징<br>노인 |

● わ행

| わ ワ 와[wa] | を ヲ 오[o] | | ん ン 응[n] |
|---|---|---|---|
|  |  | |  |
| わらう 와라우<br>웃다 | えをかく 에오가꾸<br>그림을 그리다 | | パソコン 파소콘<br>컴퓨터 |

일본어 문자

## 3) 탁음(濁音: だくおん)

탁음은 청음 「か(ka), さ(sa), た(ta), は(ha)」행의 오른쪽에 탁점(ﾞ)을 표시한 흐린소리 「が(ga) ざ(za) だ(da) ば(ba)」로 유성음 18음이다. (현대 일본어에서는 ダ행의 「ぢ」「づ」는 각각 「ザ행」의 「じ」「ず」와 같은 발음을 한다.)

● が행

| が ガ 가[ga] | ぎ ギ 기[gi] | ぐ グ 구[gu] | げ ゲ 게[ge] | ご ゴ 고[go] |
|---|---|---|---|---|
|  |  |  |  |  |
| がくせい 가꾸세이<br>학생 | かぎ 카기<br>열쇠 | かぐ 카구<br>가구 | げんき 겡끼<br>건강 | ゴルフ 고루프<br>골프 |

● ざ행

| ざ ザ 자[za] | じ ジ 지[zi] | ず ズ 즈[zu] | ぜ ゼ 제[ze] | ぞ ゾ 조[zo] |
|---|---|---|---|---|
|  |  |  |  |  |
| ざっし 잣시<br>잡지 | じっけん 직껭<br>실험 | ズボン 즈봉<br>바지 | かぜ 카제<br>바람 | ぞう 조오<br>코끼리 |

일본어 문자와 발음 · 1단계 **19**

● だ행

| だ ダ 다[da] | ぢ ヂ 지[zi] | づ ズ 즈[zu] | で デ 데[de] | ど ド 도[do] |
|---|---|---|---|---|
|  |  |  |  |  |
| だいがく 다이가꾸<br>대학 | はなぢ 하나지<br>코피 | かんづめ 칸즈메<br>통조림 | データ 데타<br>자료 | まど 마도<br>창문 |

● ば행

| ば バ 바[ba] | び ビ 비[bi] | ぶ ブ 부[bu] | べ ベ 베[be] | ぼ ボ 보[bo] |
|---|---|---|---|---|
|  |  |  |  |  |
| ばら 바라<br>장미 | へび 헤비<br>뱀 | ぶた 부따<br>돼지 | ベンチ 벤치<br>긴의자 | ぼうし 보-시<br>모자 |

## 4) 반탁음(半濁音:はんだくおん)

반탁음은 「は」행의 오른쪽 윗부분에 반탁점 (°)을 붙여서 발음하는 유성음 5음이다. 우리말의 「파, 피, 푸, 페, 포」와 같으며 단어 중간이나 끝에 나올 때는 「빠, 삐, 뿌, 뻬, 뽀」로 발음한다.

● ぱ행

| ぱ パ 파[pa] | ぴ ピ 피[pi] | ぷ プ 푸[pu] | ぺ ペ 페[pe] | ぽ ポ 포[po] |
|---|---|---|---|---|
|  |  |  |  |  |
| ぱたぱた 파따파따<br>쿵쿵, 발소리 | ピアノ 피아노<br>피아노 | てんぷら 템뿌라<br>튀김 | ほっぺた 홋페따<br>얼굴, 뺨 | さんぽ 삼뽀<br>산책 |

## 5) 요음(拗音: ようおん)

요음은 い단 글자 중에 い를 제외한 「き し ち に ひ み り ぎ じ び ぴ」에 반모음의 작은 글자 「ゃ, ゅ, ょ」를 붙여서 한 음절로 발음하는 33음이다. 따라서 「ゃ, ゅ, ょ」는 우리말의 「ㅑ, ㅠ, ㅛ」 같으며 두 개의 글자이지만 한 개의 음절로 인식하고 짧게 발음한다.

● きゃ행

| きゃ 캬[kya] | きゅ 큐[kyu] | きょ 쿄[kyo] | ぎゃ 갸[gya] | ぎゅ 규[gyu] | ぎょ 교[gyo] |
|---|---|---|---|---|---|
|  |  |  | 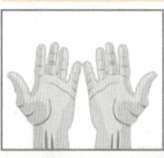 |  |  |
| きゃく 캬꾸 손님 | きゅうり 큐-리 오이 | きょうかい 쿄-까이 교회 | ぎゃく 갸꾸 반대 | ぎゅうにゅう 규-뉴 우유 | そつぎょう 소쯔교- 졸업 |

● しゃ행

| しゃ 샤[sya] | しゅ 슈[syu] | しょ 쇼[syo] | じゃ 쟈[zya] | じゅ 쥬[zyu] | じょ 죠[zyo] |
|---|---|---|---|---|---|
|  |  |  |  |  |  |
| しゃべる 샤베루 속삭이다 | しゅみ 슈미 취미 | しょくじ 쇼쿠지 식사 | かんじゃ 칸쟈 환자 | じゅうたく 쥬-타꾸 주택 | じょせい 죠세이 여성 |

● ちゃ, にゃ행

| ちゃ 챠[chya] | ちゅ 츄[chyu] | ちょ 쵸[chyo] | にゃ 냐[nya] | にゅ 뉴[nyu] | にょ 뇨[nyo] |
|---|---|---|---|---|---|
|  |  |  |  |  |  |
| おちゃ 오챠 차 | ちゅうげん 츄겡 중원 | ちょうし 쵸시 상태 | にゃく 냐꾸 젊다 | にゅういん 뉴-잉 입원 | にょうぼう 뇨-보 아내 |

일본어 문자

● ひゃ행

| ひゃ 햐[hya] | ひゅ 휴[hyu] | ひょ 효[hyo] | びゃ 뱌[bya] | びゅ 뷰[byu] | びょ 뵤[byo] |
|---|---|---|---|---|---|
|  | | | | | |
| ひゃっかてん<br>햐까뗑<br>백화점 | ひゅう<br>휴<br>바람소리 | ひょうげん<br>효겡<br>표현 | びゃっこ<br>뱍꼬<br>백호 | びゅうそう<br>뷰조<br>유상(생각) | びょういん<br>뵤잉<br>병원 |

● ぴゃ, みゃ행

| ぴゃ 뺘[pya] | ぴゅ 쀼[pyu] | ぴょ 뾰[pyo] | みゃ 먀[mya] | みゅ 뮤[myu] | みょ 묘[myo] |
|---|---|---|---|---|---|
|  |  |  |  |  | |
| ろっぴゃく<br>롯빠꾸<br>600 | ぴゅう<br>쀼<br>쌩 쌩 | ぴょんぴょん<br>뾰옹뾰옹<br>깡충깡충 | さんみゃく<br>산먀꾸<br>산맥 | みゅさん<br>뮤쌍<br>뮤상(주인공) | みょうぎ<br>묘기<br>묘기 |

● りゃ행

| りゃ 랴[rya] | りゅ 류[ryu] | りょ 료[ryo] |
|---|---|---|
|  |  |  |
| りゃくず<br>랴꾸즈<br>약도 | りゅうい<br>류-이<br>유의 | りょうり<br>료-리<br>요리 |

# 3. 특수음절

## 1) 발음(撥音:はつおん)

발음 「ん」, 「ン」은 단어의 첫머리에 올 수 없으며, 항상 다른 글자 뒤에 쓰여 우리말의 받침과 같은 구실을 한다. 따라서 「ん」, 「ン」 다음에 오는 글자의 영향에 따라 우리말의 「ㄴ, ㅁ, ㅇ」으로 소리가 난다.

① 「あ, か, が, は, や, わ」행의 글자 앞에 「ん」이 오면 「ㅇ」으로 발음한다.

    ん+あ행  はんい(항-이:範圍 범위)    めんえき(멩-에끼:免疫 면역)
    ん+か행  さんか(상-까:參加 참가)    おんけい(옹-께에:恩惠 은혜)
    ん+が행  まんが(망-가:漫畵 만화)    えんげき(엥-게끼:演劇 연극)
    ん+は행  ぜんはん(젱-항-:前半 전반)    よんほん(용-홍-:四本 네권)
    ん+や행  ほんや(홍-야:本屋 책방)    みんよう(밍-요-:民謠 민요)
    ん+わ행  かんわ(캉-와:緩和 온화)    でんわ(뎅-와:電話 전화)
    ~ん(단독)  じかん(지깡-:時間 시간)    にほん(니홍-:日本 일본)

② 「さ, ざ, た, だ, な, ら」행의 글자 앞에 「ん」이 오면 「ㄴ」으로 발음한다.

    ん+さ행  かんさい(칸-사이:關西 관서)    かんし(칸-시:監視 감시)
    ん+ざ행  げんざい(겐-자이:現在 현재)    ばんじ(반-지:萬事 만사)
    ん+た행  はんたい(한-따이:反對 반대)    さんち(산-찌:産地 산지)
    ん+だ행  もんだい(몬-다이:問題 문제)    おんど(온-도:溫度 온도)
    ん+な행  あんない(안-나이:案內 안내)    ほんね(혼-네:本音 본음)
    ん+ら행  ほんらい(혼-라이:本來 본래)    かんり(칸-리:管理 관리)

③ 「ば, ぱ, ま」행의 글자 앞에 「ん」이 오면 「ㅁ」으로 발음한다.

    ん+ば행  かんばん(캄-방-:看板 간판)    かんべん(캄-벵-:勘弁 용서)
    ん+ぱ행  しんぱい(심-빠이:心配 심려)    きんぴん(킴-삥-:金品 금품)
    ん+ま행  さんまん(삼-망-:散漫 산만)    おんみつ(옴-미쯔:隱密 은밀)

*「ん」이 맨 뒤에 올 때는 「N」의 소리로 나는 경우가 많으며 우리말로는 「ㅇ」과 「ㄴ」의 중간 소리가 난다.

일본어

## 2) 촉음(促音:そくおん)

촉음(促音)이란 막힌 소리의 하나로 우리말의 받침과 같은 역할을 하는 것을 말한다. 즉, 촉음 「っ」는 작은 글씨로 표기하며, 이것은 하나의 음절을 갖고 있으며, 뒤에 오는 소리의 영향을 받아 우리말 받침의 「ㄱ, ㅅ, ㄷ, ㅂ」으로 발음된다.

① 「っ」가 「か」행 앞에서는 「ㄱ」으로 발음한다.
    さっか(삭-까 : 作家 작가)　　まっき(막-끼 : 末期 말기)
    しっけ(식-께 : 濕氣 온기)　　いっこ(익-꼬 : 一個 한 개)

② 「っ」가 「さ」행 앞에서는 「ㅅ」으로 발음한다.
    いっさい(잇-싸이 : 一切 일절)　　ざっし(잣-시 : 雜誌 잡지)
    しゅっせ(슛-세 : 出世 출세)　　いっそ(잇-소 : 一層 한층)

③ 「っ」가 「た」행 앞에서는 「ㄷ」으로 발음한다.
    じったい(짇-따이 : 實體 실체)　　きって(긷-떼 : 切手 수표)
    まっちゃ(맏-쨔 : 抹茶 말차)　　よっつ(욛-쯔 : 四つ 네개)

④ 「っ」가 「ぱ」행 앞에서는 「ㅂ」으로 발음한다.
    しっぱい(십-빠이 : 失敗 실패)　　ざっぴ(잡-삐 : 雜費 잡비)
    がっぺい(갑-뻬에 : 合併 합병)　　しっぽ(십-뽀 : 꼬리)

**1단계**

### 3) 장음(長音：ちょうおん)

　　장음이란 같은 모음이 중복될 때 앞의 발음을 길게 발음하는 것을 말한다. 우리말에서는 장음의 구별이 어렵지만 일본어에서는 이것을 확실히 구분하여 쓴다. 음의 장단(長短)에 따라 그 의미가 달라지는 경우가 있으므로 주의해야 한다. 또, カタカナ에서는 장음부호를 「ー」로 표기한다. 각 단의 대표인 「あ·い·う·え·お」를 자기 단의 뒤에 붙이면 대표단의 소리를 길게 발음한다. 단, お단은 う를 활용하기도 한다. 또한 え단 뒤에 い가 오면 장음으로 발음하기도 한다.

① 「あ」단 뒤에 「あ」음이 올 때 あ단을 길게 발음한다.
　　おかあさん(오까아상 : 어머니)　　おばあさん(오바아상 : 할머니)
　　おばさん(오바상 : 아주머니)

② 「い」단 뒤에 「い」음이 올 때 い단을 길게 발음한다.
　　おにいさん(오니이상 : 형/오빠)　　おじいさん(오지이상 : 할아버지)
　　おじさん(오지상 : 아저씨)

③ 「う」단 뒤에 「う」음이 올 때 う단을 길게 발음한다.
　　くうき(쿠우끼 : 空氣 공기)　　すうじ(스으지 : 數字 숫자)
　　つうか(쯔으까 : 通過 통과)　　くき(쿠끼 : 莖 줄기)
　　すじ(스지 : 筋 힘줄)　　つか(쯔까 : 塚 둔덕)

④ 「え」단 뒤에 「い」또는 「え」음이 올 때 え단을 길게 발음한다.
　　せんせい(센세ー : 선생님)　　おねえさん(오네ー상 : 누나)
　　せかい(세까이 : 세계)

⑤ 「お」단 뒤에 「う」또는 「お」음이 올 때 お단을 길게 발음한다.
　　ぼうし(보ー시 : 모자)　　おおい(오ー이 : 많다)
　　おうじ(오오지 : 왕자)　　おじ(오지 : 숙부)

⑥ 「가타카나」에서는 장음을 장음기호 「ー」로 표기한다.
　　예) サークル　　スキー

※ 일본어는 모음이 길고 짧음에 따라 다른 의미로 결정되기 때문에 발음에 주의해야 한다.

# 3단계 왕초보 일본어 쓰기교본 Part II

## 2단계

### 히라가나 쓰기

• 단어 연습 •

# 2단계

## あ행 あ·い·う·え·お

「あ, い, う, え, お」는 우리말의 「아, 이, 우, 에, 오」와 같으며, 「う」는 「우」와 「으」의 중간음이고, 「え」는 「에」와 「애」의 중간음이다.

| あ행 | あ 아[a] | い 이[i] | う 우[u] | え 에[e] | お 오[o] |
|---|---|---|---|---|---|
| 한자유래 | 安 편안할 안 | 以 써 이 | 宇 집 우 | 衣 옷 의 | 於 어조사 어 |

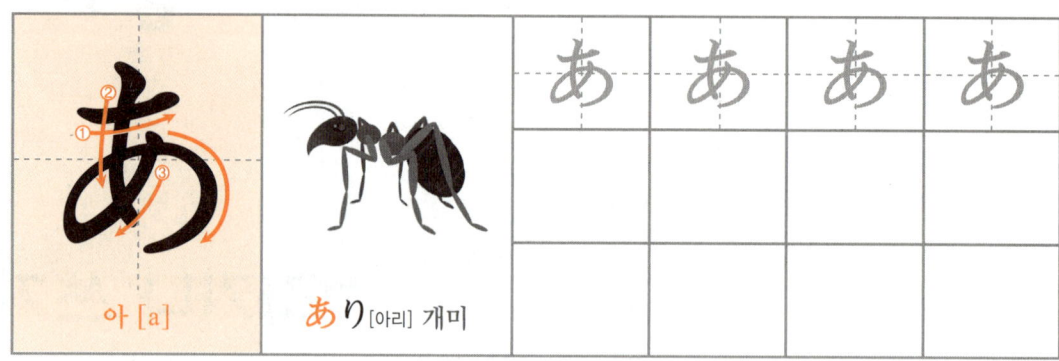

あり [아리] 개미

아 [a]

※ 우리말의 「아」와 같이 발음한다.

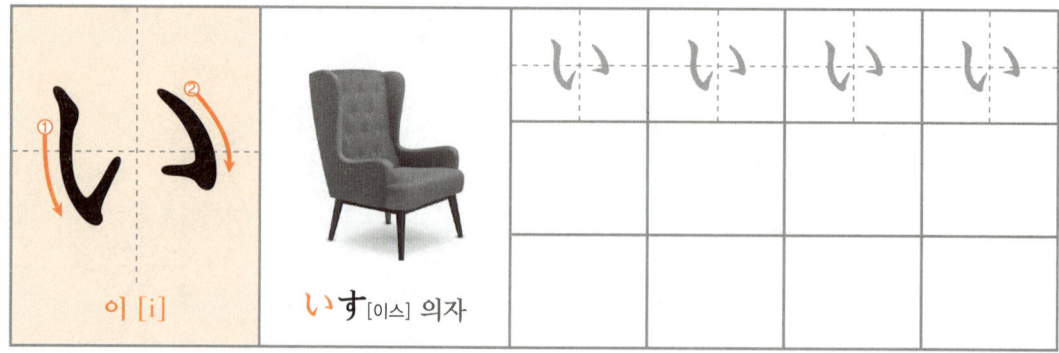

いす [이스] 의자

이 [i]

※ 우리말의 「이」와 같이 발음한다.

히라가나

우 [u]

う し [우시] 소

※ 우리말의 「우」와 같지만, 「우」와 「으」의 중간이다.

에 [e]

え さ [에사] 먹이

※ 우리말의 「에」와 같지만, 「에」와 「애」의 중간이다.

오 [o]

お や [오야] 부모

※ 우리말의 「오」와 같다.

## 2단계

### か행
か·き·く·け·こ

「か, き, く, け, こ」는 는 우리말의 「가」와 「카」 중간인 「카, 키, 쿠, 케, 코」로 발음하며, 단어 중간이나 끝에서는 「까, 끼, 꾸, 께, 꼬」로 발음한다.

| か행 | か 카 [ka] | き 키 [ki] | く 쿠 [ku] | け 케 [ke] | こ 코 [ko] |
|---|---|---|---|---|---|
| 한자유래 | 加 더할 가 | 幾 얼마 기 | 久 오랠 구 | 計 셈 계 | 己 몸 기 |

카 [ka]

かえる [카에루] 개구리

※ 우리말의 「가」와 「카」의 중간이며, 단어 중간이나 끝에서는 「까」로 발음한다.

키 [ki]

きく [키꾸] 국화

※ 우리말의 「기」와 「키」의 단어 중간이며, 중간이나 끝에서는 「끼」로 발음한다.

히라가나 청음

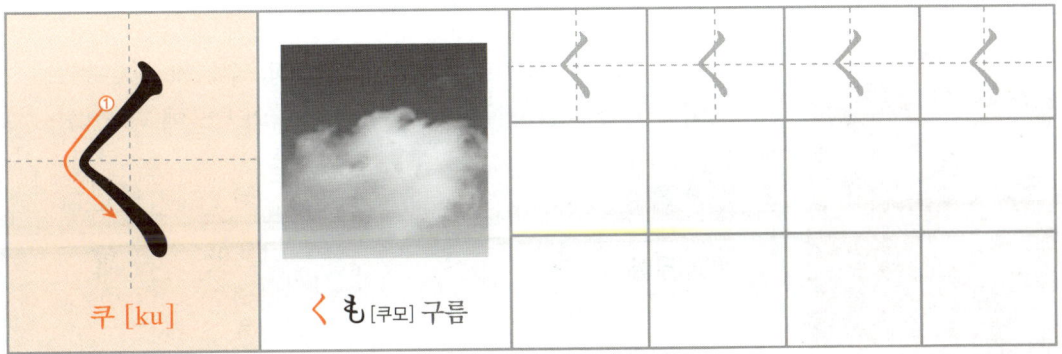

쿠 [ku] く も [쿠모] 구름

※ 우리말의 「쿠」와 「크」의 중간이며, 단어중간이나 끝에서는 「꾸」로 발음한다.

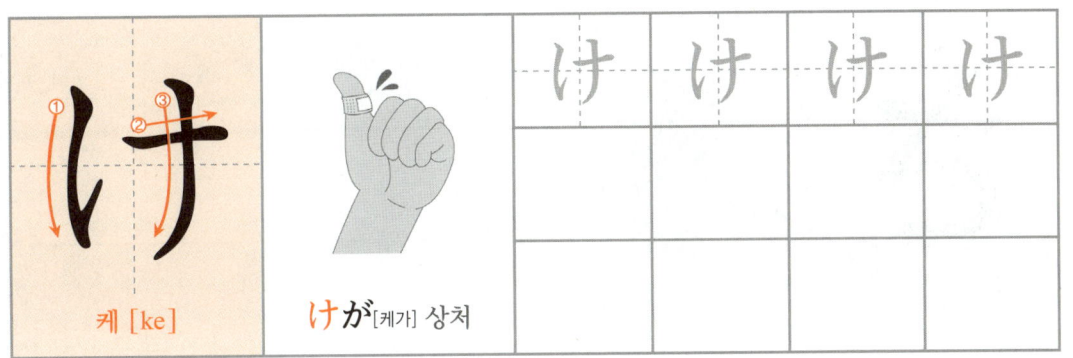

케 [ke] け が [케가] 상처

※ 우리말의 「게」와 「케」의 중간이며, 단어 중간이나 끝에서는 「께」로 발음한다.

코 [ko] こ え [코에] 목소리

※ 우리말의 「고」와 「코」의 중간이며, 단어 중간이나 끝에서는 「꼬」로 발음한다.

히라가나 쓰기 · 2단계 **31**

## 2단계

**さ행** さ・し・す・せ・そ

「さ, し, す, せ, そ」는 우리말의 「사, 시, 스, 세, 소」와 같으며, 「し」는 「쉬」에 가깝고 「す」는 「수」와 「스」에 가깝다.

| さ행 | さ 사 [sa] | し 시 [shi] | す 스 [su] | せ 세 [se] | そ 소 [so] |
|---|---|---|---|---|---|
| 한자유래 | 左 왼좌 | 之 갈지 | 寸 마디촌 | 世 인간세 | 曾 일찍증 |

사 [sa]　さくら [사꾸라] 벚꽃

※ 우리말의 「사」와 같다.

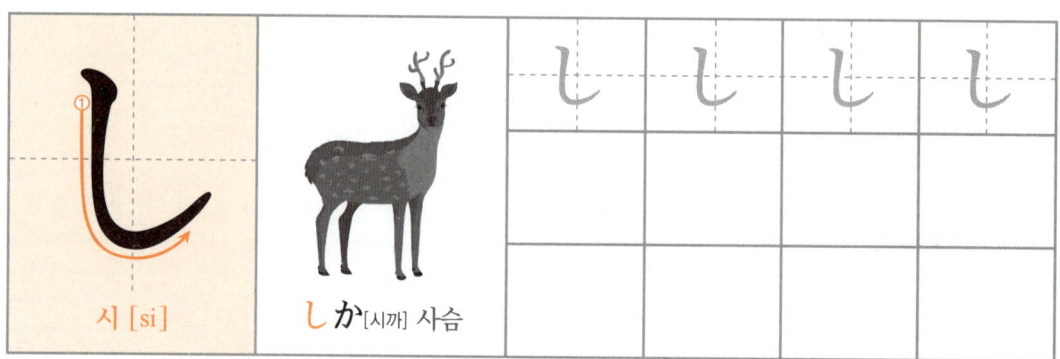

시 [si]　しか [시까] 사슴

※ 우리말의 「시」와 같다.

히라가나

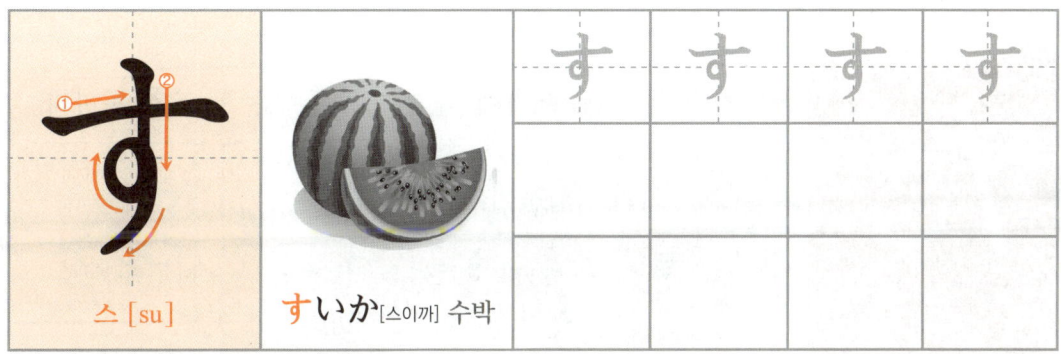

※ 우리말의 「수」와 「스」의 중간음인 「스」와 같다.

※ 우리말의 「세」와 같다.

※ 우리말의 「소」와 같다.

## 2단계

### た행 — た·ち·つ·て·と

「た, ち, つ, て, と」는 우리말의 「타, 치, 츠, 테, 토」와 같으며, 어중·어말에 올 때는 「따, 떼, 또」로 발음하며 「ち」는 「치」와 「찌」의 중간인 「치」에 가깝고, 「つ」는 「츠」 「쯔」, 「쓰」의 복합음이다.

| た행 | た 타[ta] | ち 치[chi] | つ 쓰[tsu] | て 테[te] | と 토[to] |
|---|---|---|---|---|---|
| 한자유래 | 太 클 태 | 知 알 지 | 川 내 천 | 天 하늘 천 | 止 그칠 지 |

타 [ta]　　たこ [타꼬] 문어

※ 우리말의 「다」와 「타」의 중간이며, 단어 중간이나 끝에서는 「따」로 발음한다.

치 [chi]　　ちび [치비] 꼬마

※ 우리말의 「지」와 「치」의 중간이며, 단어 중간이나 끝에서는 「찌」로 발음한다.

히라가나 청음

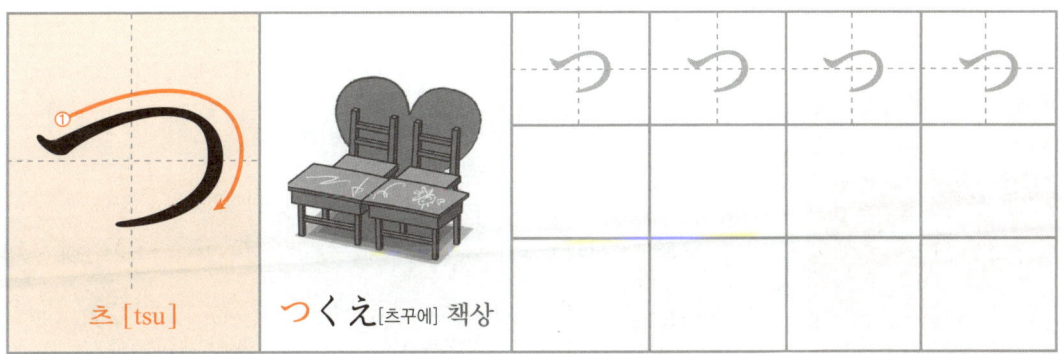

츠 [tsu]
つくえ [츠꾸에] 책상

※ 우리말의 「츠」와 「쓰」의 중간이다.

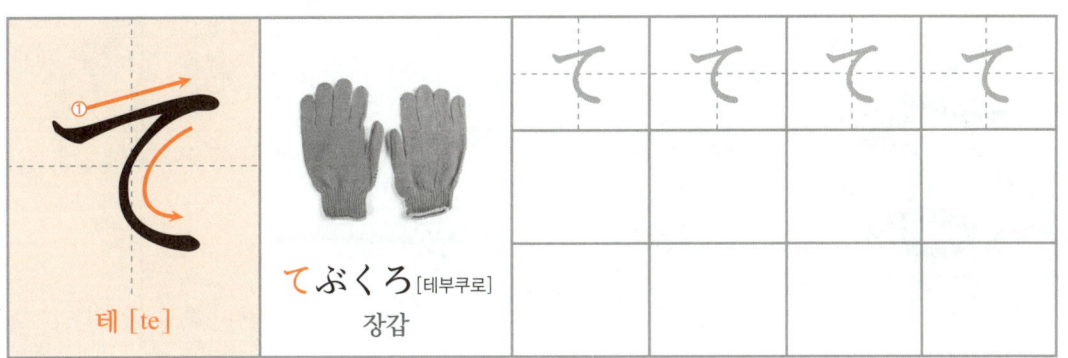

테 [te]
てぶくろ [테부쿠로] 장갑

※ 우리말의 「데」와 「테」의 중간이며, 단어 중간이나 끝에서는 「떼」로 발음한다.

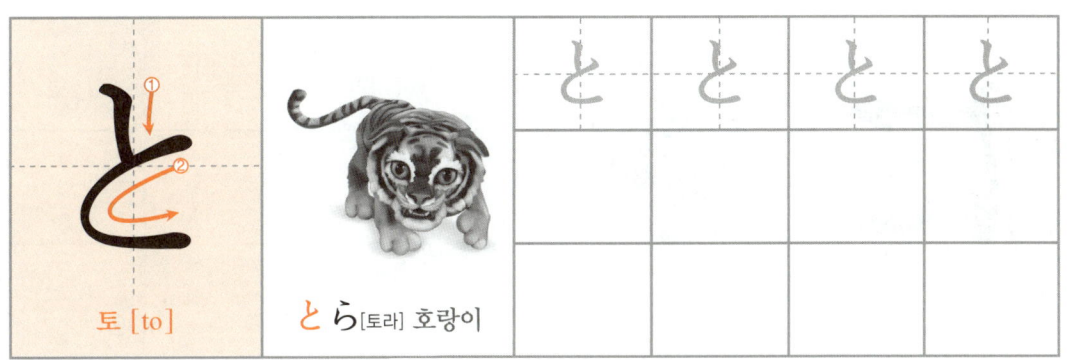

토 [to]
とら [토라] 호랑이

※ 우리말의 「도」와 「토」의 중간이며, 단어 중간이나 끝에서는 「또」로 발음한다.

## 2단계

な·に·ぬ·ね·の 행

「な, に, ぬ, ね, の」는 우리말의 「나, 니, 누, 네, 노」와 같으며, 「ぬ」는 「누」와 「느」의 중간이고 특히 「ま」행의 「め」와 비슷하므로 주의해야 한다.

| な 행 | な 나[na] | に 니[ni] | ぬ 누[nu] | ね 네[ne] | の 노[no] |
|---|---|---|---|---|---|
| 한자유래 | 奈 어찌 나 | 仁 어질 인 | 奴 종 노 | 祢 아비사당 니 | 乃 어조사 내 |

な 나 [na]

なし [나시] 배

※ 우리말의 「나」와 같다.

に 니 [ni]

にく [니꾸] 고기

※ 우리말의 「니」와 같다.

히라가나

※ 우리말의 「누」와 「느」의 중간이다. ま행의 め와 비슷하므로 주의해야 한다.

※ 우리말의 「네」와 같다.

※ 우리말의 「노」와 같다.

## 2단계

は행
は・ひ・ふ・へ・ほ

「は, ひ, ふ, へ, ほ」는 우리말의 「하, 히, 후, 헤, 호」와 같으며, 「は」와 「へ」는 조사로 쓰일 때에는 「와」와 「에」로 발음하며 「ふ」는 「후」와 「흐」의 중간음이다.

| は행 | は 하 [ha] | ひ 히 [hi] | ふ 후 [fu] | へ 헤 [he] | ほ 호 [ho] |
|---|---|---|---|---|---|
| 한자유래 | 波<br>물결 파 | 比<br>견줄 비 | 不<br>아니 불 | 部<br>떼 부 | 保<br>지닐 보 |

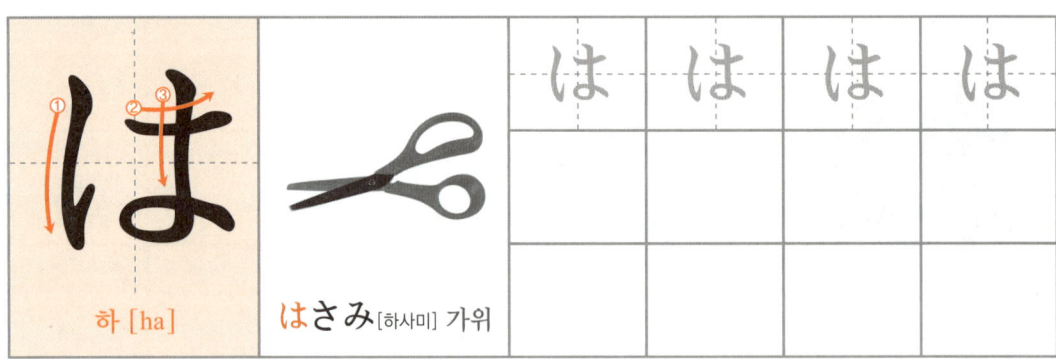

하 [ha]

はさみ [하사미] 가위

| は | は | は | は |
|---|---|---|---|
|  |  |  |  |
|  |  |  |  |

※ 우리말의 「하」와 같다. 조사로 쓰일 때는 「와(wa)로 발음한다.

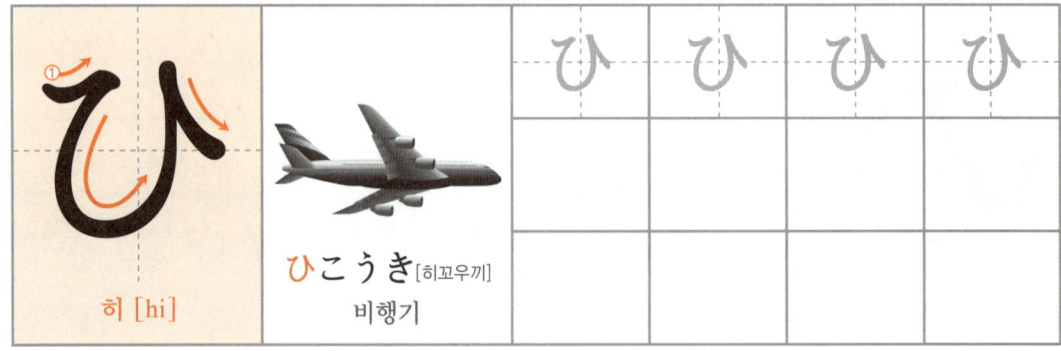

히 [hi]

ひこうき [히꼬우끼] 비행기

| ひ | ひ | ひ | ひ |
|---|---|---|---|
|  |  |  |  |
|  |  |  |  |

※ 우리말의 「히」와 같다.

히라가나

※ 우리말의 「후」와 「흐」의 중간이다.

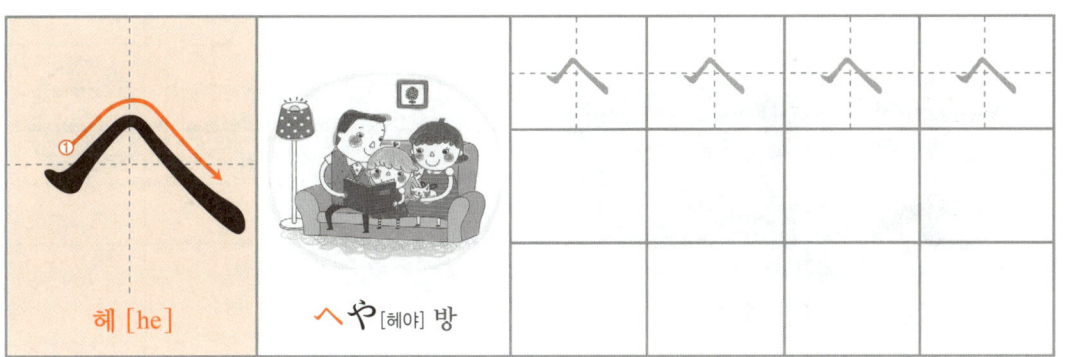

※ 우리말의 「헤」와 같으며 조사로 쓰일 때는 「에(e)」로 발음한다.

※ 우리말의 「호」와 같다.

## 2단계

### ま행 — ま·み·む·め·も

「ま, み, む, め, も」는 우리말의 「마, 미, 무, 메, 모」와 같으며, 「む」는 「무」와 「므」의 중간음이다.

| ま행 | ま 마 [ma] | み 미 [mi] | む 무 [mu] | め 메 [me] | も 모 [mo] |
|---|---|---|---|---|---|
| 한자유래 | 末 끝 말 | 美 아름다울 미 | 武 건장 무 | 女 계집 녀 | 毛 털 모 |

**ま** 마 [ma]

**ま**ち [마찌] 거리

| ま | ま | ま | ま |
|---|---|---|---|
|   |   |   |   |
|   |   |   |   |

※ 우리말의 「마」와 같다.

**み** 미 [mi]

**み**せ [미세] 가게

| み | み | み | み |
|---|---|---|---|
|   |   |   |   |
|   |   |   |   |

※ 우리말의 「미」와 같다.

히라가나 청음

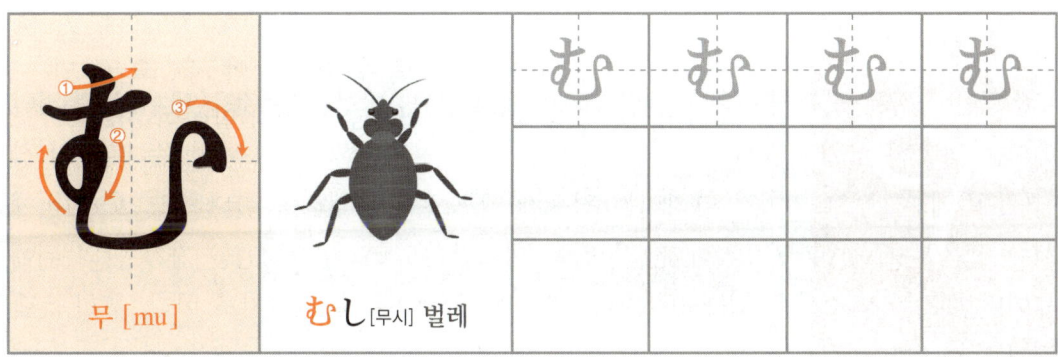

※ 우리말의 「무」와 「므」의 중간이다.

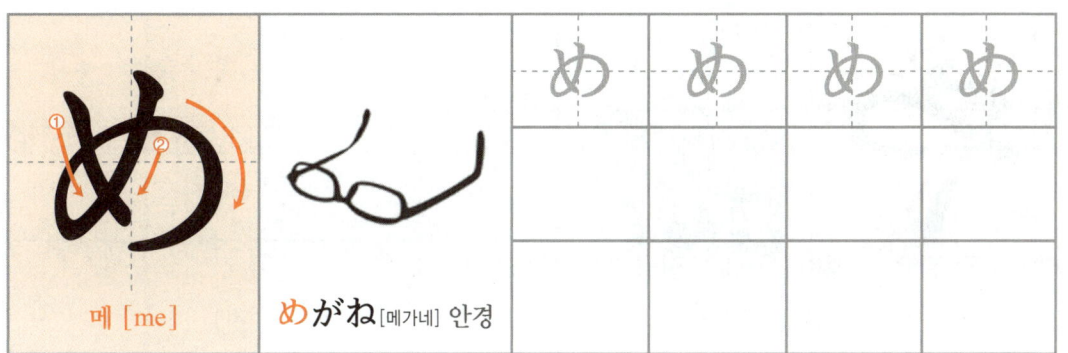

※ 우리말의 「메」와 같다.

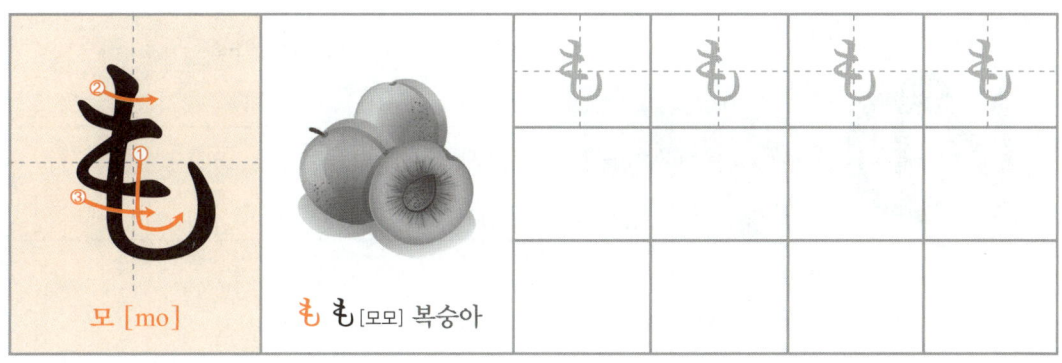

※ 우리말의 「모」와 같다.

## 2단계

### や행 や・ゆ・よ

「や, ゆ, よ」는 이중 모음으로 우리말의 「야, 유, 요」로 발음하며, 단 「よ」는 입술을 앞으로 내밀지 말아야 한다.

| や행 | や 야[ya] | ゆ 유[yu] | よ 요[yo] |
|---|---|---|---|
| 한자유래 | 也 잇기 야 | 由 말미암을 유 | 與 더불 여 |

や [ya]

やま [야마] 산

※ 우리말의 「야」와 같다.

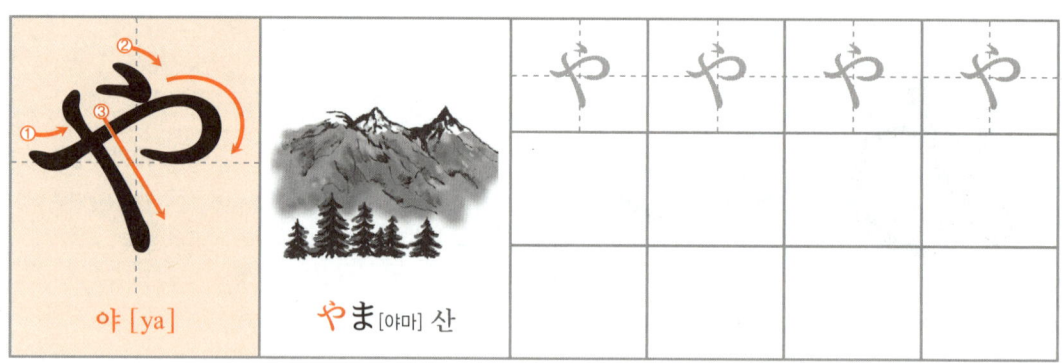

ゆ [yu]

ゆき [유끼] 눈

※ 우리말의 「유」와 같다.

히라가나

よ [yo]

よめ [요메] 신부

| よ | よ | よ | よ |
|---|---|---|---|
|   |   |   |   |

※ 우리말의 「요」와 같으며 입술을 앞으로 내밀지 않고 발음해야 한다.

### 히라가나 빙고 게임

| き | い | か |
|---|---|---|
| ⓐ | ⓞ | ⓤ |
| こ | ⓔ | く |

| ⓚ | あ | う |
|---|---|---|
| く | ⓞ | え |
| け | き | ⓚこ |

✏️ 히라가나 빙고 게임방법

① 히라가나로 네모칸을 꽉 채운다.
    히라가나 'あ행, か행' 중에서 문자를 선택하는데 이 때 같은 문자가 겹치지 않도록 한다.
② 선생님이 읽었던 히라가나 문자를 찾아 동그라미를 친다.
③ 세로 또는, 가로 또는, 대각선으로 쭉 이어지면 '빙고'라고 외친다.

히라가나 쓰기 • 2단계 **43**

## 2단계

### ら행 — ら・り・る・れ・ろ

「ら, り, る, れ, ろ」는 우리말의 「라, 리, 루, 레, 로」와 같으며, 영어의 [l], [r]을 나타내며 혀끝으로 가볍게 발음한다.

| ら행 | ら 라[ra] | り 리[ri] | る 루[ru] | れ 레[re] | ろ 로[ro] |
|---|---|---|---|---|---|
| 한자유래 | 良<br>어질 량 | 利<br>이로울 리 | 留<br>머물 류 | 禮<br>예도 례 | 呂<br>풍류 여 |

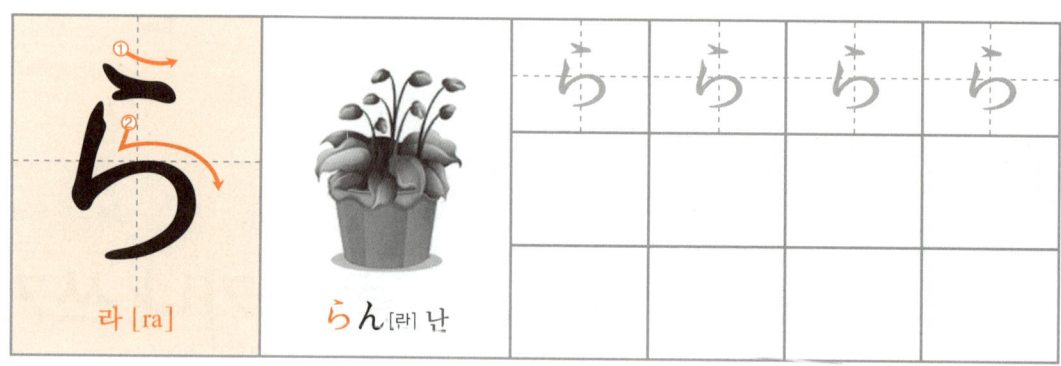

라 [ra]  らん [랑] 난

※ 우리말의 「라」와 같다.

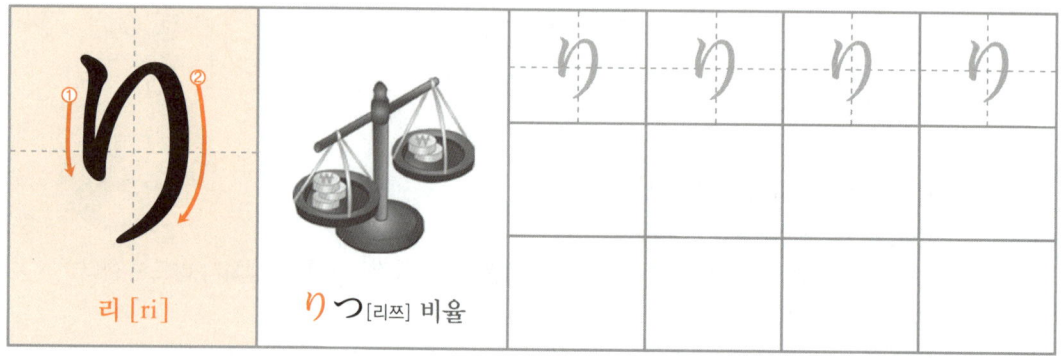

리 [ri]  りつ [리쯔] 비율

※ 우리말의 「리」와 같다.

히라가나 청음

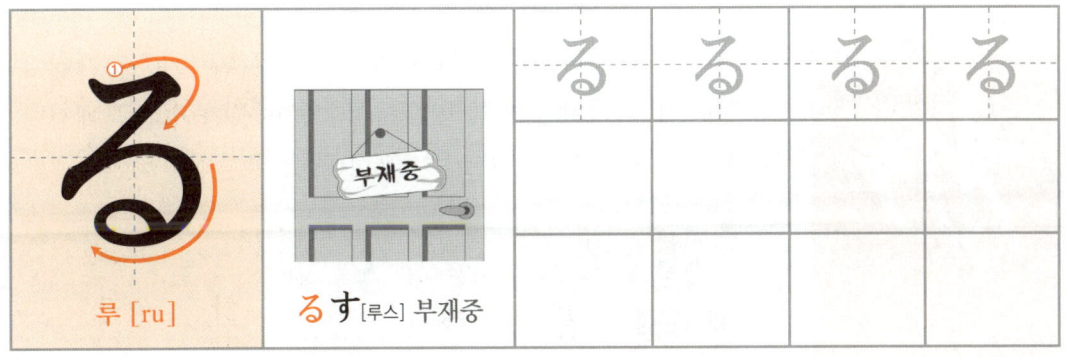

루 [ru]

る す [루스] 부재중

※ 우리말의 「루」와 「르」의 중간이다.

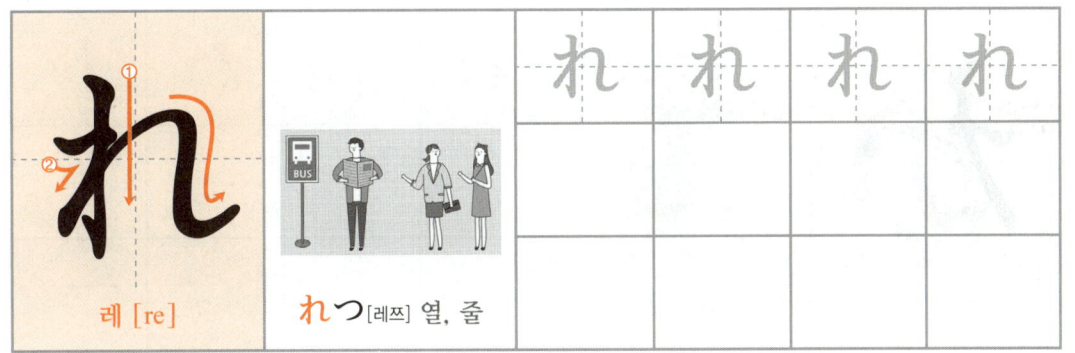

레 [re]

れつ [레쯔] 열, 줄

※ 우리말의 「레」와 같다.

로 [ro]

ろうじん [로-징] 노인

※ 우리말의 「로」와 같다.

## 2단계

### わ 행
### わ・を・ん

「わ」는 우리말의 「와」와 같으며, 「や, ゆ, よ」와 함께 이중모음이며 「を」는 목적격(~을, 를)조사로만 쓰이며, 발음은 「お」와 같다. 「ん」은 받침으로만 쓰이며 50음에 속하지 않는다.

| わ행 | わ 와 [wa] | を 오 [wo] | ん 응 [n(g)] |
|---|---|---|---|
| 한자유래 | 和 화할 화 | 遠 멀 원 | 无 없을 무 |

와 [wa]

わらう [와라우] 웃다

※ 우리말의 「와」와 같다.

오 [o]

えをかく [에오가꾸] 그림을 그리다

※ 우리말의 「오」와 같다. 목적격 조사로만 쓰이며 발음은 「お」와 같다.

히라가나 청음

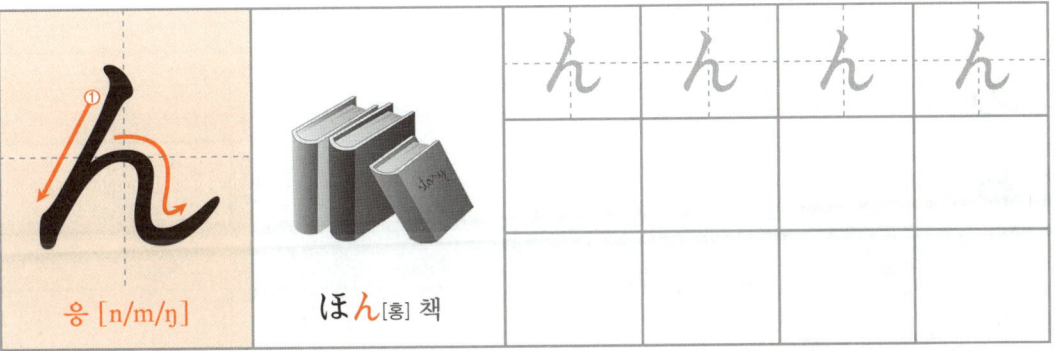

| ん | | | | |
|---|---|---|---|---|
| 응 [n/m/ŋ] | ほ**ん**[홍] 책 | ん | ん | ん | ん |

※ 우리말의 「ㄴ, ㅁ, ㅇ」받침역할을 하고 뒤에 오는 음에 따라 발음이 다르다. 50음에 속하지 않는다.

### 히라가나 청음 빙고 게임

① 
| む | め | い | は | ろ |
|---|---|---|---|---|
| あ | ゆ | も | わ | ね |
| け | み | ら | へ | な |
| ち | そ | の | り | ぬ |
| た | お | ま | こ | く |

② 
| ね | く | な | ぬ | ろ |
|---|---|---|---|---|
| み | も | ま | あ | は |
| そ | わ | の | け | い |
| お | ひ | へ | ち | め |
| ゆ | ら | り | た | む |

③ 
| こ | や | し | か | せ |
|---|---|---|---|---|
| さ | ん | き | く | い |
| む | り | へ | わ | ひ |
| え | み | ゆ | た | け |
| あ | そ | ね | は | な |

④ 
| と | い | む | わ | ひ |
|---|---|---|---|---|
| は | ち | り | へ | え |
| ね | く | ほ | ゆ | み |
| そ | あ | け | た | や |
| ん | き | せ | か | し |

#### 히라가나 청음 빙고 게임방법
① 게임 용지를 학생에게 한 장씩 나눠준다.
② 반 학생 전체가 히라가나 하나씩 돌아가면서 부르도록 하여, 빙고 3줄이 나오면 그만하는 것으로 한다.
③ 선생님은 학생들이 부른 히라가나를 다른 용지에 적어 놓고, 3줄 빙고를 완성한 학생의 빙고용지를 확인한다.

＊ 게임을 통해서 일본어 학습을 해보는 것도 좋은 방법입니다.

## 혼동하기 쉬운 히라가나 쓰기

| あ a | あ | | | | | | | |
|---|---|---|---|---|---|---|---|---|
| お o | お | | | | | | | |

| く ku | く | | | | | | | |
|---|---|---|---|---|---|---|---|---|
| へ he | へ | | | | | | | |

| い i | い | | | | | | | |
|---|---|---|---|---|---|---|---|---|
| り ri | り | | | | | | | |

| こ ko | こ | | | | | | | |
|---|---|---|---|---|---|---|---|---|
| に ni | に | | | | | | | |

| き ki | き | | | | | | | |
|---|---|---|---|---|---|---|---|---|
| さ sa | さ | | | | | | | |

| し si | し | | | | | | | |
|---|---|---|---|---|---|---|---|---|
| つ tsu | つ | | | | | | | |

| たta | た | | | | | | | |
| ---- | - | - | - | - | - | - | - | - |
| なna | な | | | | | | | |

| はha | は | | | | | | | |
| ---- | - | - | - | - | - | - | - | - |
| ほho | ほ | | | | | | | |

| まma | ま | | | | | | | |
| ---- | - | - | - | - | - | - | - | - |
| もmo | も | | | | | | | |

| るru | る | | | | | | | |
| ---- | - | - | - | - | - | - | - | - |
| ろro | ろ | | | | | | | |

| あa  | あ | | | | | | | |
| ---- | - | - | - | - | - | - | - | - |
| めme | め | | | | | | | |
| ぬnu | ぬ | | | | | | | |

| ねne | ね | | | | | | | |
| ---- | - | - | - | - | - | - | - | - |
| わwa | わ | | | | | | | |
| れre | れ | | | | | | | |

## 2단계

### が행
が・ぎ・ぐ・げ・ご

「が, ぎ, ぐ, げ, ご」는 우리말의 「가, 기, 구, 게, 고」와 같으며 「か행」에 탁음부호(˚)붙여서 발음하는 유성음이다. 「ぐ」는 「구」와 「그」의 중간음이다.

| が행 | が 가 [ga] | ぎ 기 [gi] | ぐ 구 [gu] | げ 게 [ge] | ご 고 [go] |
|------|-----------|-----------|-----------|-----------|-----------|

が [ga]

がくせい [가꾸세이] 학생

※ 우리말의 「가」와 같다.

ぎ [gi]

かぎ [카기] 열쇠

※ 우리말의 「기」와 같다.

히라가나  탁음

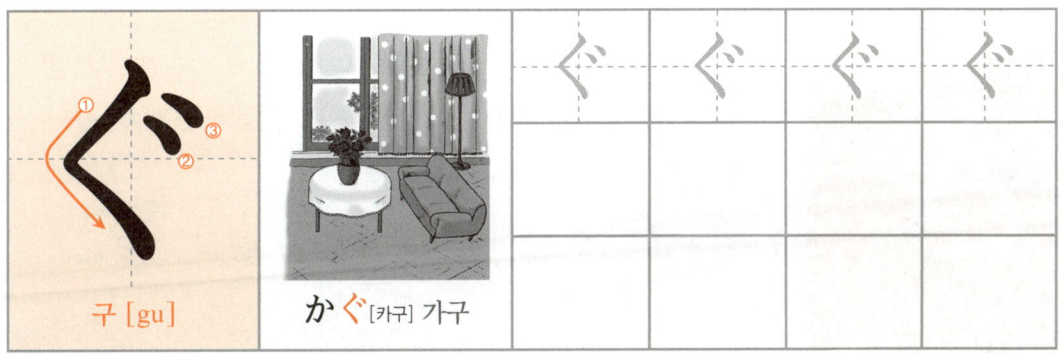

구 [gu]

かぐ [카구] 가구

※ 우리말의 「구」와 「그」의 중간이다.

게 [ge]

げんき [겡끼] 건강

※ 우리말의 「게」와 같다.

고 [go]

ごらく [고락꾸] 오락

※ 우리말의 「고」와 같다.

## 2단계

### ざ행
ざ・じ・ず・ぜ・ぞ

「ざ, じ, ず, ぜ, ぞ」는 우리말의 「자, 지, 즈, 제, 조」와 같으며, 「さ행」에 탁음부호(˙)붙여서 발음하는 유성음이다. 「ず」는 「주」와 「즈」의 중간음이다.

| ざ행 | ざ 자[za] | じ 지[zi] | ず 즈[zu] | ぜ 제[ze] | ぞ 조[zo] |

ざ [za]

ざっし [잣시] 잡지

※ 우리말의 「자」와 같다.

じ [zi]

じっけん [직껭] 실험

※ 우리말의 「지」와 같다.

히라가나 탁음

즈 [zu]

みず [미즈] 물

※ 우리말의 「주」와 「즈」의 중간이다.

제 [ze]

かぜ [카제] 바람

※ 우리말의 「제」와 같다.

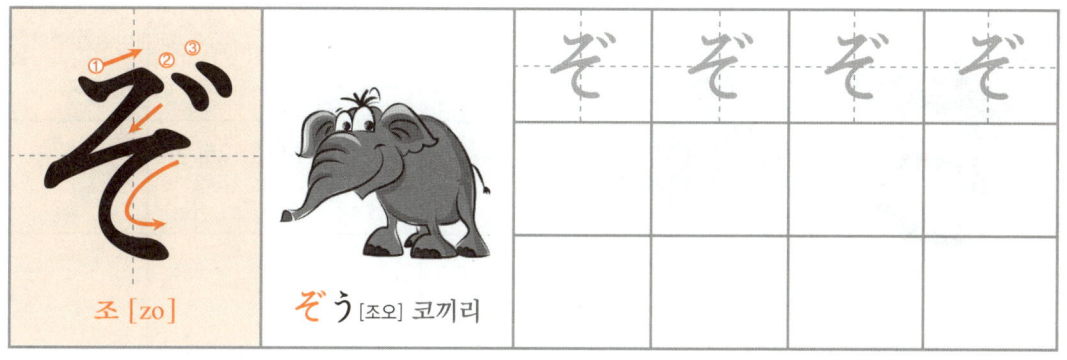

조 [zo]

ぞう [조오] 코끼리

※ 우리말의 「조」와 같다.

## 2단계

### だ행
だ・ぢ・づ・で・ど

「だ, ぢ, づ, で, ど」는 우리말의 「다, 지, 즈, 데, 도」와 같으며, 「た행」에 탁음부호(゛)붙여서 발음하는 유성음이다. 「づ」는 「주」와 「즈」의 중간음이다.

| だ행 | だ 다 [da] | ぢ 지 [zi] | づ 즈 [zu] | で 데 [de] | ど 도 [do] |
|---|---|---|---|---|---|

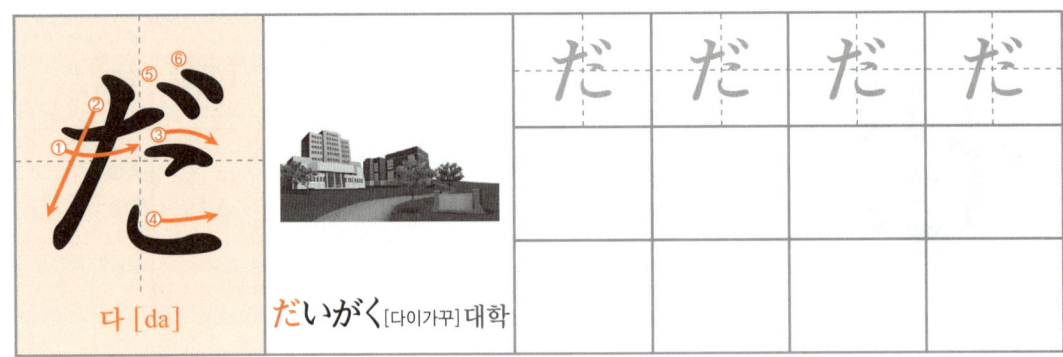

だ 다 [da]

だいがく [다이가꾸] 대학

※ 우리말의 「다」와 같다.

ぢ 지 [zi]

はなぢ [하나지] 코피

※ 우리말의 「지」와 같다.

히라가나  탁음

즈 [zu]

かんづめ [칸즈메] 통조림

※ 우리말의 「주」와 「즈」의 중간이다.

데 [de]

でんわ [뎅와] 전화

※ 우리말의 「데」와 같다.

도 [do]

まど [마도] 창문

※ 우리말의 「도」와 같다.

## 2단계

### ば행
### ば·び·ぶ·べ·ぼ

「ば, び, ぶ, べ, ぼ」는 우리말의 「바, 비, 부, 베, 보」와 같으며, 「は행」에 탁음부호(゛)붙여서 발음하는 유성음이다.

| ば행 | ば 바[ba] | び 비[bi] | ぶ 부[bu] | べ 베[be] | ぼ 보[bo] |
|---|---|---|---|---|---|

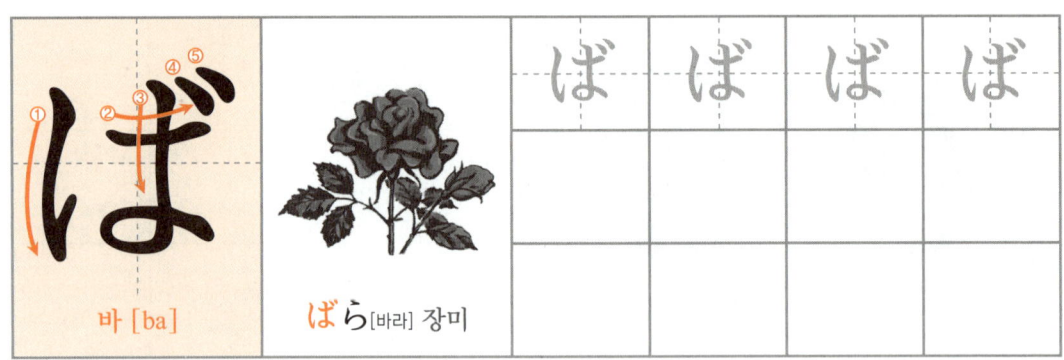

ば 바[ba]

ばら [바라] 장미

※ 우리말의 「바」와 같다.

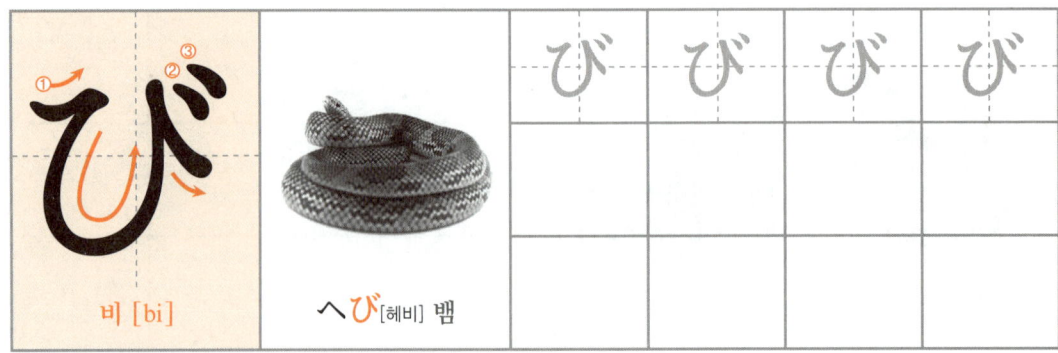

び 비[bi]

へび [헤비] 뱀

※ 우리말의 「비」와 같다.

히라가나 탁음

부 [bu]

ぶた [부따] 돼지

ぶ ぶ ぶ ぶ

※ 우리말의 「부」와 같다.

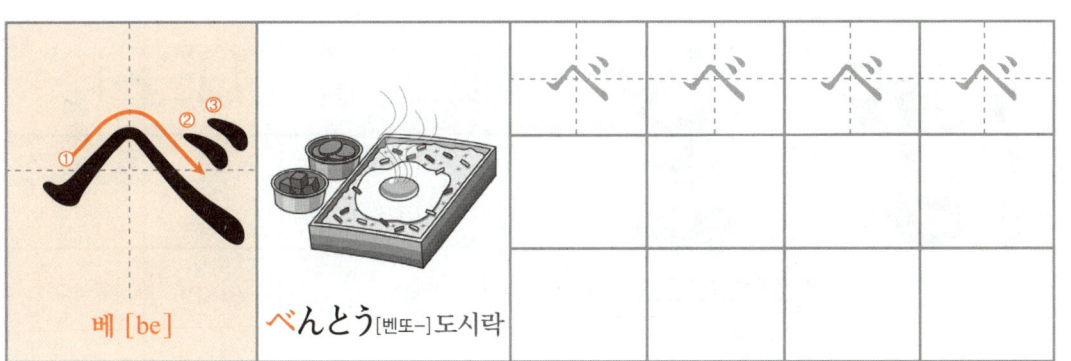

베 [be]

べんとう [벤또-] 도시락

べ べ べ べ

※ 우리말의 「베」와 같다.

보 [bo]

ぼうし [보-시] 모자

ぼ ぼ ぼ ぼ

※ 우리말의 「보」와 같다.

히라가나 쓰기 • 2단계  57

## 2단계

### ぱ행
ぱ・ぴ・ぷ・ぺ・ぽ

「ぱ, ぴ, ぷ, ぺ, ぽ」는 반탁음으로 우리말의 「파, 피, 푸, 페, 포」와 같으며, 「は행」 오른쪽 윗부분에 반탁점(°)을 붙여서 발음한다. 단어 중간이나 끝에서는 「빠, 삐, 뿌, 뻬, 뽀」로 발음한다.

| ぱ행 | ぱ 파 [pa] | ぴ 피 [pi] | ぷ 푸 [pu] | ぺ 페 [pe] | ぽ 포 [po] |

**ぱたぱた** [파따파따]
쿵쿵, 발소리

파 [pa]

※ 우리말의 「파」와 같으며 단어 중간이나 끝에서는 「빠」로 발음한다.

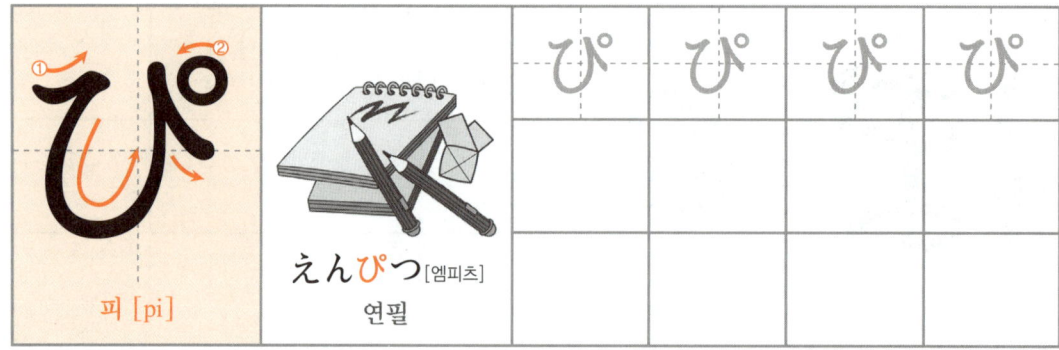

**えんぴつ** [엠피츠]
연필

피 [pi]

※ 우리말의 「피」와 같으며 단어 중간이나 끝에서는 「삐」로 발음한다.

히라가나 반탁음

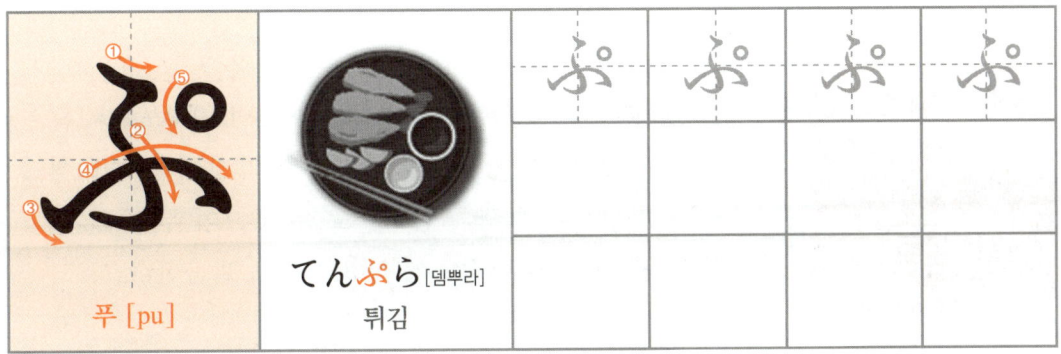

※ 우리말의 「푸」와 같으며 단어 중간이나 끝에서는 「뿌」로 발음한다.

※ 우리말의 「페」와 같으며 단어 중간이나 끝에서는 「뻬」로 발음한다.

※ 우리말의 「포」와 같으며 단어 중간이나 끝에서는 「뽀」로 발음한다.

## 2단계

## 요음(拗音)

요음(拗音)은 い단 글자 중에 い를 제외한 「き, し, ち, に, ひ, み, り, ぎ, じ, び, ぴ」에 반모음의 작은 글자 「ゃ, ゅ, ょ」를 붙여서 한 음절로 발음하는 33음이다. 따라서 「ゃ, ゅ, ょ」는 우리말의 「ㅑ, ㅠ, ㅛ」와 같으며 두 개의 글자이지만 한 개의 음절로 인식하고 짧게 발음한다.

きゃ [kya]

きゃく [캬꾸] 손님

| きゃ | きゃ | きゃ | きゃ |
|---|---|---|---|
|  |  |  |  |

※ 우리말의 「캬」와 같다.

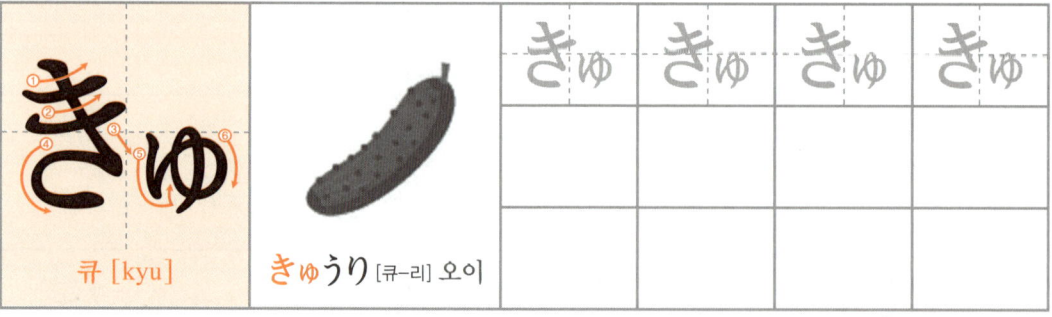

きゅ [kyu]

きゅうり [큐-리] 오이

| きゅ | きゅ | きゅ | きゅ |
|---|---|---|---|
|  |  |  |  |

※ 우리말의 「큐」와 같다.

きょ [kyo]

きょうかい [쿄-까이] 교회

| きょ | きょ | きょ | きょ |
|---|---|---|---|
|  |  |  |  |

※ 우리말의 「쿄」와 같다.

히라가나 요음

しゃ [sya]

しゃべる [샤베루] 속삭이다

※ 우리말의「샤」와 같다.

슈 [syu]

しゅみ [슈미] 취미

※ 우리말의「슈」와 같다.

쇼 [syo]

しょくじ [쇼쿠지] 식사

※ 우리말의「쇼」와 같다.

챠 [chya]

おちゃ [오챠] 차

※ 우리말의「챠」와 같다.

## 2단계

| ちゅ 츄 [chyu] | ちゅうげん [츄겡] 중원 | ちゅ | ちゅ | ちゅ | ちゅ |
|---|---|---|---|---|---|
| | | | | | |

※ 우리말의 「츄」와 같다.

| ちょ 쵸 [chyo] | ちょうし [쵸시] 상태 | ちょ | ちょ | ちょ | ちょ |
|---|---|---|---|---|---|
| | | | | | |

※ 우리말의 「쵸」와 같다.

| にゃ 냐 [nya] | にゃく [냐꾸] 젊다 | にゃ | にゃ | にゃ | にゃ |
|---|---|---|---|---|---|
| | | | | | |

※ 우리말의 「냐」와 같다.

| にゅ 뉴 [nyu] | にゅういん [뉴-잉] 입원 | にゅ | にゅ | にゅ | にゅ |
|---|---|---|---|---|---|
| | | | | | |

※ 우리말의 「뉴」와 같다.

히라가나 요음

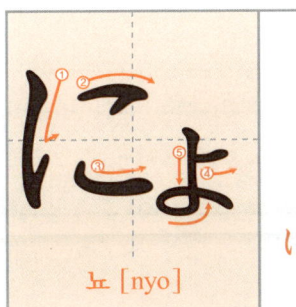
뇨 [nyo]

にょうぼう [뇨-보]
아내

にょ　にょ　にょ　にょ

※ 우리말의 「뇨」와 같다.

햐 [hya]

ひゃっかてん [햐까뗑]
백화점

ひゃ　ひゃ　ひゃ　ひゃ

※ 우리말의 「햐」와 같다.

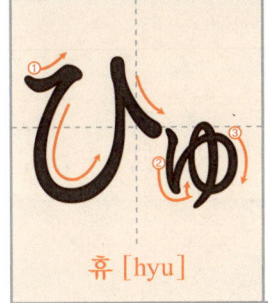
휴 [hyu]

ひゅう [휴] 바람소리

ひゅ　ひゅ　ひゅ　ひゅ

※ 우리말의 「휴」와 같다.

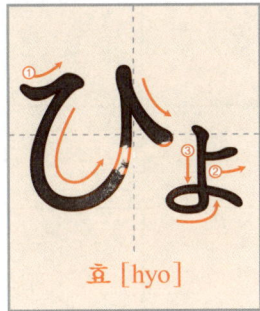
효 [hyo]

ひょうげん [효겡]
표현

ひょ　ひょ　ひょ　ひょ

※ 우리말의 「효」와 같다.

## 2단계

| みゃ 먀 [mya] | さんみゃく [산먀꾸] 산맥 | みゃ | みゃ | みゃ | みゃ |
|---|---|---|---|---|---|

※ 우리말의 「먀」와 같다.

| みゅ 뮤 [myu] | みゅさん [뮤쌍] 뮤상(주인공) | みゅ | みゅ | みゅ | みゅ |
|---|---|---|---|---|---|

※ 우리말의 「뮤」와 같다.

| みょ 묘 [myo] | みょうぎ [묘기] 묘기 | みょ | みょ | みょ | みょ |
|---|---|---|---|---|---|

※ 우리말의 「묘」와 같다.

| りゃ 랴 [rya] | りゃくず [랴꾸즈] 약도 | りゃ | りゃ | りゃ | りゃ |
|---|---|---|---|---|---|

※ 우리말의 「랴」와 같다.

히라가나 요음

| りゅ | りゅ | りゅ | りゅ |
|---|---|---|---|
|  |  |  |  |

류 [ryu]

りゅうい [류-이] 유의

※ 우리말의 「류」와 같다.

| りょ | りょ | りょ | りょ |
|---|---|---|---|
|  |  |  |  |

료 [ryo]

りょうり [료-리] 요리

※ 우리말의 「료」와 같다.

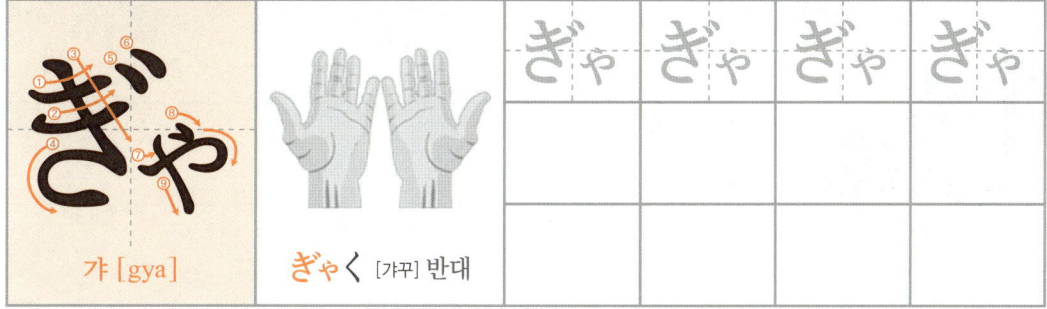

| ぎゃ | ぎゃ | ぎゃ | ぎゃ |
|---|---|---|---|
|  |  |  |  |

갸 [gya]

ぎゃく [갸꾸] 반대

※ 우리말의 「갸」와 같다.

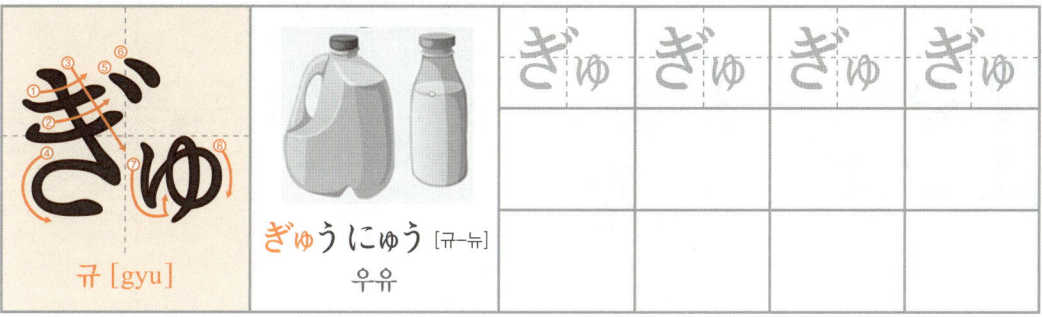

| ぎゅ | ぎゅ | ぎゅ | ぎゅ |
|---|---|---|---|
|  |  |  |  |

규 [gyu]

ぎゅうにゅう [규-뉴-] 우유

※ 우리말의 「규」와 같다.

## 2단계

| | | | | | |
|---|---|---|---|---|---|
| **ぎょ**<br>교 [gyo] | そつ**ぎょう** [소쯔교-]<br>졸업 | ぎょ | ぎょ | ぎょ | ぎょ |

※ 우리말의 「교」와 같다.

| | | | | | |
|---|---|---|---|---|---|
| **じゃ**<br>쟈 [zya] | かん**じゃ** [칸쟈] 환자 | じゃ | じゃ | じゃ | じゃ |

※ 우리말의 「쟈」와 같다.

| | | | | | |
|---|---|---|---|---|---|
| **じゅ**<br>쥬 [zyu] | **じゅ**うたく [쥬-타꾸]<br>주택 | じゅ | じゅ | じゅ | じゅ |

※ 우리말의 「쥬」와 같다.

| | | | | | |
|---|---|---|---|---|---|
| **じょ**<br>죠 [zyo] | **じょ**せい [죠세이] 여성 | じょ | じょ | じょ | じょ |

※ 우리말의 「죠」와 같다.

히라가나 요음

※ 우리말의 「뱌」와 같다.

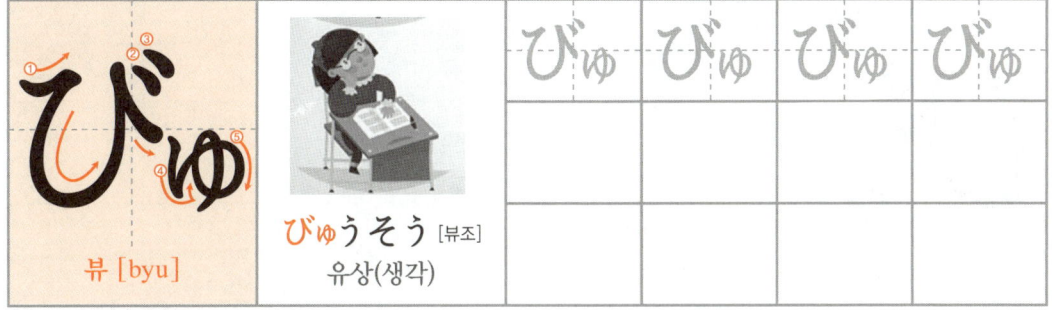

※ 우리말의 「뷰」와 같다.

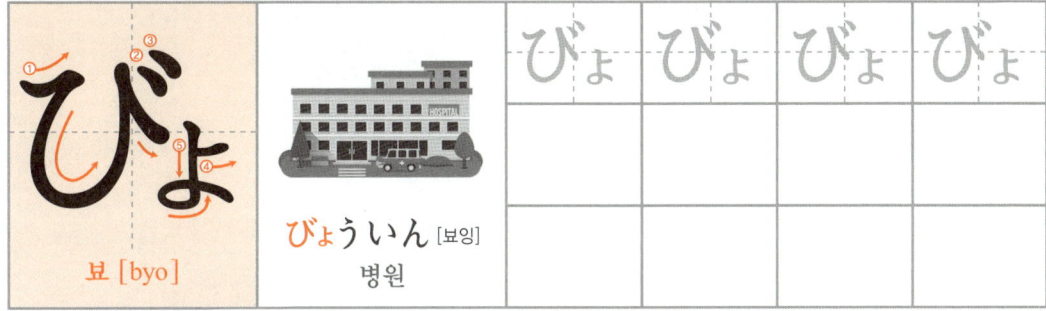

※ 우리말의 「뵤」와 같다.

※ 우리말의 「퍄」와 같다.

## 2단계

**ぴゅ** 퓨 [pyu]

ぴゅう [퓨] 쌩쌩

| ぴゅ | ぴゅ | ぴゅ | ぴゅ |
|---|---|---|---|
|  |  |  |  |

※ 우리말의 「퓨」와 같다.

**ぴょ** 표 [pyo]

ぴょんぴょん [표옹표옹] 깡충깡충

| ぴょ | ぴょ | ぴょ | ぴょ |
|---|---|---|---|
|  |  |  |  |

※ 우리말의 「표」와 같다.

### 단어 연습

● 다음을 단어를 읽고 써보세요.

| | | | | |
|---|---|---|---|---|
| **あり** 개미 | あり | | | |
| **いす** 의자 | いす | | | |
| **うし** 소 | うし | | | |
| **えさ** 먹이 | えさ | | | |
| **おや** 부모 | おや | | | |
| **かえる** 개구리 | かえる | | | |
| **きく** 국화 | きく | | | |
| **くも** 구름 | くも | | | |
| **けが** 상처 | けが | | | |
| **こえ** 목소리 | こえ | | | |

## 단어 연습

● 다음을 단어를 읽고 써보세요.

| | | | | |
|---|---|---|---|---|
| **さくら**<br>벚꽃 | さくら | | | |
| **しか**<br>사슴 | しか | | | |
| **すいか**<br>수박 | すいか | | | |
| **せいふく**<br>제복 | せいふく | | | |
| **そら**<br>하늘 | そら | | | |
| **たこ**<br>문어 | たこ | | | |
| **ちび**<br>꼬마 | ちび | | | |
| **つくえ**<br>책상 | つくえ | | | |
| **てぶくろ**<br>장갑 | てぶくろ | | | |
| **とら**<br>호랑이 | とら | | | |

| | | | | |
|---|---|---|---|---|
| **なし**<br>배 | なし | | | |
| **にく**<br>고기 | にく | | | |
| **ぬま**<br>늪 | ぬま | | | |
| **ねこ**<br>고양이 | ねこ | | | |
| **のりもの**<br>탈것 | のりもの | | | |
| **はさみ**<br>가위 | はさみ | | | |
| **ひこうき**<br>비행기 | ひこうき | | | |
| **ふく**<br>옷 | ふく | | | |
| **へや**<br>방 | へや | | | |
| **ほし**<br>별 | ほし | | | |

## 단어 연습

● 다음을 단어를 읽고 써보세요.

| まち<br>거리 | まち | | | |
|---|---|---|---|---|
| みせ<br>가게 | みせ | | | |
| むし<br>벌레 | むし | | | |
| めがね<br>안경 | めがね | | | |
| もも<br>복숭아 | もも | | | |
| やま<br>산 | やま | | | |
| ゆき<br>눈 | ゆき | | | |
| よめ<br>신부 | よめ | | | |
| むら<br>마을 | むら | | | |
| りつ<br>비율 | りつ | | | |

| | | | | |
|---|---|---|---|---|
| **るす**<br>부재중 | るす | | | |
| **れっしゃ**<br>열차 | れっしゃ | | | |
| **ろうじん**<br>노인 | ろうじん | | | |
| **わらう**<br>웃다 | わらう | | | |
| **えをかく**<br>그림을 그리다 | えをかく | | | |
| **ほん**<br>책 | ほん | | | |
| **がくせい**<br>학생 | がくせい | | | |
| **かぎ**<br>열쇠 | かぎ | | | |
| **かぐ**<br>가구 | かぐ | | | |
| **げんき**<br>건강 | げんき | | | |

## 단어 연습

● 다음을 단어를 읽고 써보세요.

| | | | | |
|---|---|---|---|---|
| ごらく<br>오락 | ごらく | | | |
| ざっし<br>잡지 | ざっし | | | |
| じっけん<br>실험 | じっけん | | | |
| みず<br>물 | みず | | | |
| かぜ<br>바람 | かぜ | | | |
| ぞう<br>코끼리 | ぞう | | | |
| だいがく<br>대학 | だいがく | | | |
| はなぢ<br>코피 | はなぢ | | | |
| かんづめ<br>통조림 | かんづめ | | | |
| でんわ<br>전화 | でんわ | | | |

| 단어 | 연습 | | | |
|---|---|---|---|---|
| **まど**<br>창문 | まど | | | |
| **ばら**<br>장미 | ばら | | | |
| **へび**<br>뱀 | へび | | | |
| **ぶた**<br>돼지 | ぶた | | | |
| **べんとう**<br>도시락 | べんとう | | | |
| **ぼうし**<br>모자 | ぼうし | | | |
| **ぱたぱた**<br>쿵쿵, 발소리 | ぱたぱた | | | |
| **えんぴつ**<br>연필 | えんぴつ | | | |
| **てんぷら**<br>튀김 | てんぷら | | | |
| **ほっぺた**<br>얼굴, 뺨 | ほっぺた | | | |

## 단어 연습

● 다음을 단어를 읽고 써보세요.

| さんぽ<br>산책 | さんぽ | | | |
|---|---|---|---|---|
| きゃく<br>손님 | きゃく | | | |
| きゅうり<br>오이 | きゅうり | | | |
| きょうかい<br>교회 | きょうかい | | | |
| しゃべる<br>속삭이다 | しゃべる | | | |
| しゅみ<br>취미 | しゅみ | | | |
| しょくじ<br>식사 | しょくじ | | | |
| おちゃ<br>차 | おちゃ | | | |
| ちゅうげん<br>중원 | ちゅうげん | | | |
| ちょうし<br>상태 | ちょうし | | | |

| 단어 | 연습 | | | |
|---|---|---|---|---|
| **にゃく**<br>젊다 | にゃく | | | |
| **にゅういん**<br>입원 | にゅういん | | | |
| **にょうぼう**<br>아내 | にょうぼう | | | |
| **ひゃっかてん**<br>백화점 | ひゃっかてん | | | |
| **ひゅう**<br>바람소리 | ひゅう | | | |
| **ひょうげん**<br>표현 | ひょうげん | | | |
| **さんみゃく**<br>산맥 | さんみゃく | | | |
| **みゅさん**<br>뮤상(주인공) | みゅさん | | | |
| **みょうぎ**<br>묘기 | みょうぎ | | | |
| **りゃくず**<br>약도 | りゃくず | | | |

## 단어 연습

● 다음을 단어를 읽고 써보세요.

|  |  | | | |
|---|---|---|---|---|
| りゅうい<br>유의 | りゅうい | | | |
| りょうり<br>요리 | りょうり | | | |
| ぎゃく<br>반대 | ぎゃく | | | |
| ぎゅうにゅう<br>우유 | ぎゅうにゅう | | | |
| そつぎょう<br>졸업 | そつぎょう | | | |
| かんじゃ<br>환자 | かんじゃ | | | |
| じゅうたく<br>주택 | じゅうたく | | | |
| じょせい<br>여성 | じょせい | | | |
| びゃっこ<br>백호 | びゃっこ | | | |
| びゅうそう<br>유상(생각) | びゅうそう | | | |

| | | | | |
|---|---|---|---|---|
| びょういん<br>병원 | びょういん | | | |
| ろっぴゃく<br>600 | ろっぴゃく | | | |
| ぴゅう<br>쌩쌩 | ぴゅう | | | |
| ぴょんぴょん<br>깡충깡충 | ぴょんぴょん | | | |

3단계 왕초보
**일본어**
쓰기교본

Part III

# 3단계 왕초보
# 일본어 쓰기교본

## Part III

### 3단계

## 가타카나 쓰기
● 단어 연습 ●

# 3단계

## ア행

ア・イ・ウ・エ・オ

「ア, イ, ウ, エ, オ」는 우리말의 「아, 이, 우, 에, 오」와 같으며, 「ウ」는 「우」와 「으」의 중간음이고, 「え」는 「에」와 「애」의 중간음이다.

| ア행 | ア 아[a] | イ 이[i] | ウ 우[u] | エ 에[e] | オ 오[o] |
|---|---|---|---|---|---|
| 한자유래 | 阿 언덕 아 | 伊 저 이 | 宇 집 우 | 江 물이름 강 | 於 어조사 어 |

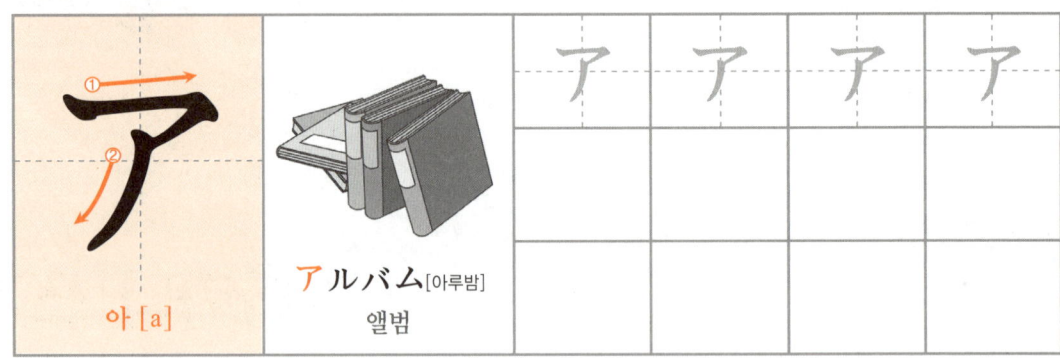

**ア** 아[a]

アルバム [아루밤] 앨범

| ア | ア | ア | ア |

※ 우리말의 「아」와 같다.

**イ** 이[i]

イチゴ [이찌고] 딸기

| イ | イ | イ | イ |

※ 우리말의 「이」와 같다.

가타카나

우 [u]

ウインク [윙쿠] 윙크

※ 우리말의 「우」와 같지만, 「우」와 「으」의 중간이다.

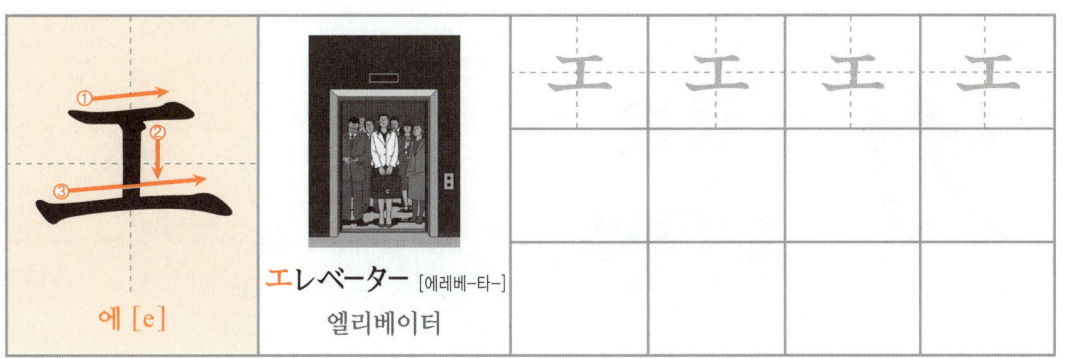

에 [e]

エレベーター [에레베-타-] 엘리베이터

※ 우리말의 「에」와 같지만, 「에」와 「애」의 중간이다.

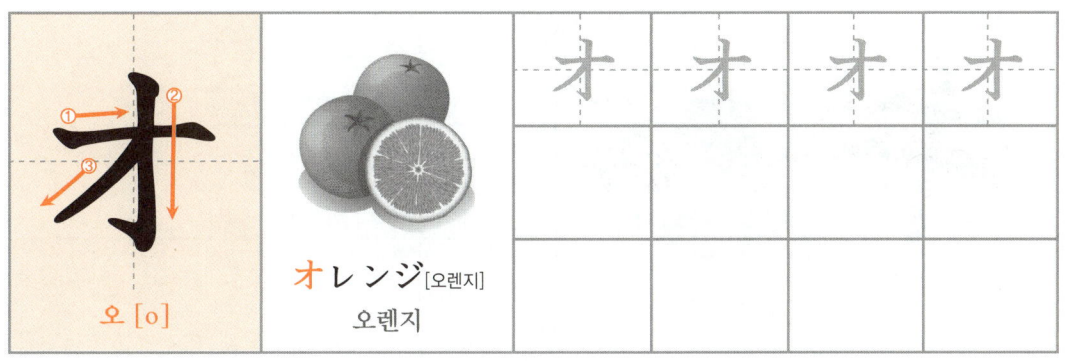

오 [o]

オレンジ [오렌지] 오렌지

※ 우리말의 「오」와 같다.

가타카나 쓰기 · 3단계 **83**

# 3단계

**カ행** カ・キ・ク・ケ・コ

「カ, キ, ク, ケ, コ」는 우리말의 「가」와 「카」 중간인 「카, 키, 쿠, 케, 코」로 발음하며, 단어 중간이나 끝에서는 「까, 끼, 꾸, 께, 꼬」로 발음한다.

| カ행 | カ 카 [ka] | キ 키 [ki] | ク 쿠 [ku] | ケ 케 [ke] | コ 코 [ko] |
|---|---|---|---|---|---|
| 한자유래 | 加 더할 가 | 幾 얼마 기 | 久 오랠 구 | 介 셈 계 | 己 몸 기 |

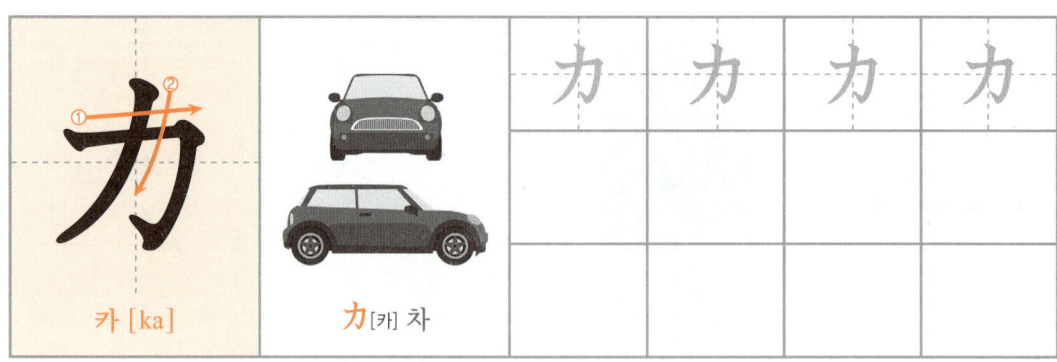

카 [ka]　　カ [카] 차

※ 우리말의 「가」와 「카」의 중간이며, 단어 중간이나 끝에서는 「까」로 발음한다.

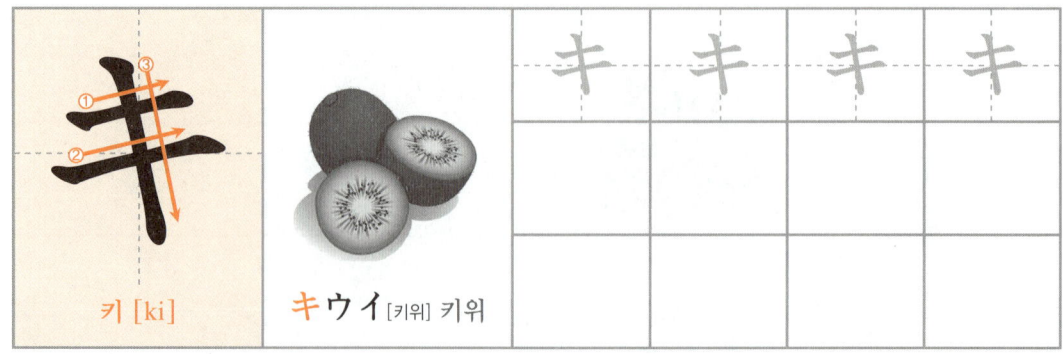

키 [ki]　　キウイ [키위] 키위

※ 우리말의 「기」와 「키」의 단어 중간이며, 중간이나 끝에서는 「끼」로 발음한다.

가타카나

※ 우리말의 「쿠」와 「크」의 중간이며, 단어중간이나 끝에서는 「꾸」로 발음한다.

※ 우리말의 「게」와 「케」의 중간이며, 단어 중간이나 끝에서는 「께」로 발음한다.

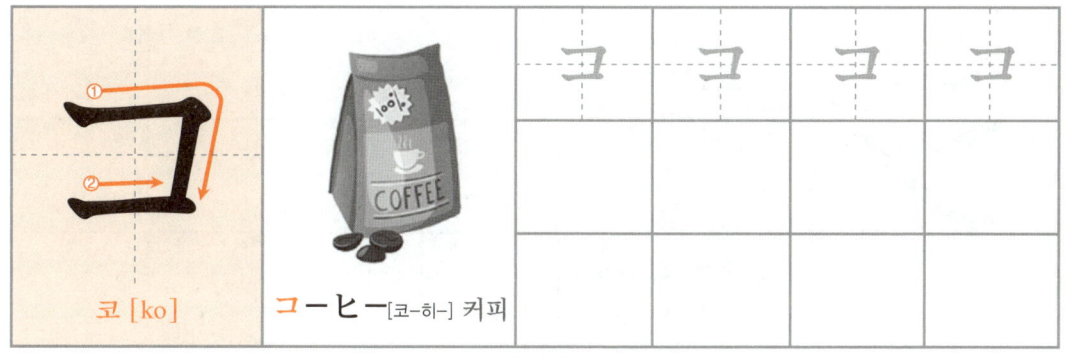

※ 우리말의 「고」와 「코」의 중간이며, 단어 중간이나 끝에서는 「꼬」로 발음한다.

## 3단계

「サ, シ, ス, セ, ソ」는 우리말의 「사, 시, 스, 세, 소」와 같으며, 「シ」는 「쉬」에 가깝고 「ス」는 「수」와 「스」에 가깝다.

| サ행 | サ 사[sa] | シ 시[shi] | ス 스[su] | セ 세[se] | ソ 소[so] |
|---|---|---|---|---|---|
| 한자유래 | 散 헤어질 산 | 之 갈 지 | 須 수염 수 | 世 인간 세 | 曾 일찍 증 |

サ・シ・ス・セ・ソ

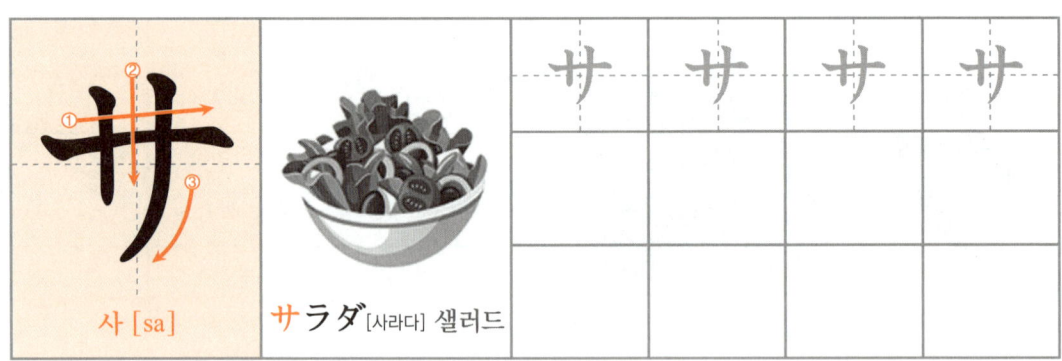

サ [sa]

サラダ [사라다] 샐러드

※ 우리말의 「사」와 같다.

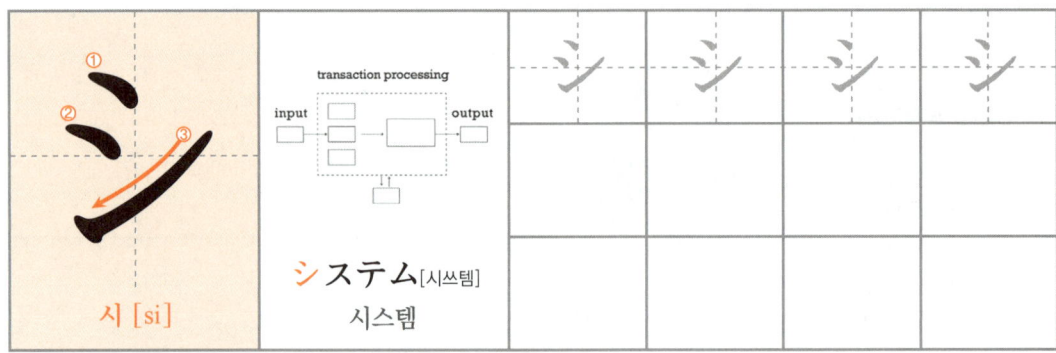

シ [si]

システム [시쓰템] 시스템

※ 우리말의 「시」와 같다.

86　3단계 왕초보 일본어 쓰기 교본

가타카나

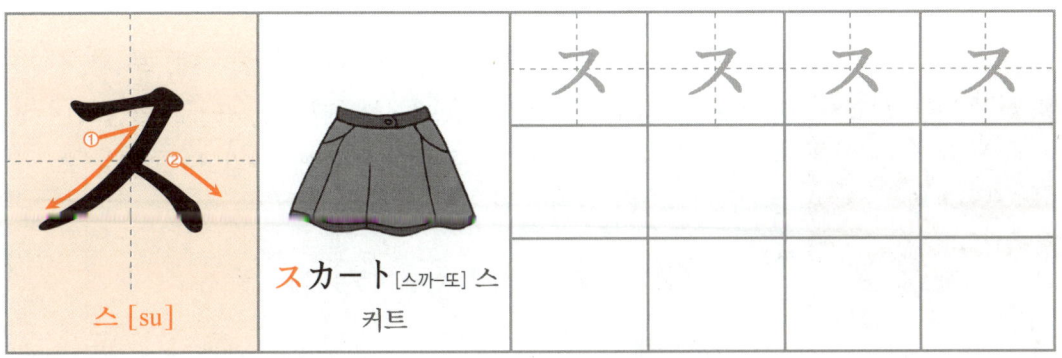

※ 우리말의 「수」와 「스」의 중간이다.

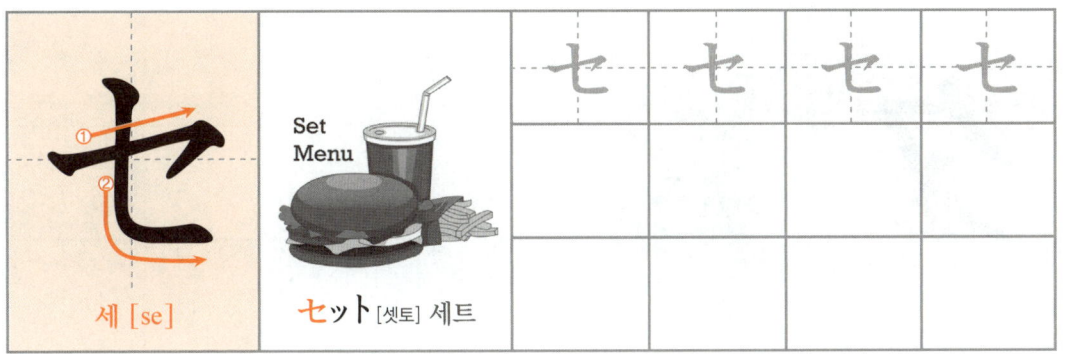

※ 우리말의 「세」와 같다.

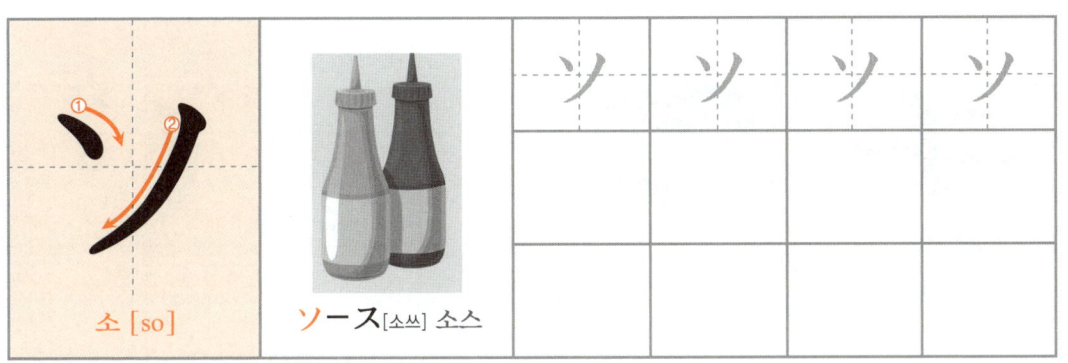

※ 우리말의 「소」와 같다.

## 3단계

### タ행 (た·チ·ツ·テ·ト)

「タ, チ, ツ, テ, ト」는 우리말의 「타, 치, 츠, 테, 토」와 같으며, 단어 중간이나 끝에서는 「따, 떼, 또」로 발음하며 「チ」는 「치」와 「찌」의 중간인 「치」에 가깝고, 「ツ」는 「츠」「쯔」「쓰」의 복합음이다.

| タ행 | タ 타 [ta] | チ 치 [chi] | ツ 츠 [tsu] | テ 테 [te] | ト 토 [to] |
|---|---|---|---|---|---|
| 한자유래 | 多 많을 다 | 千 일천 | 川 내 천 | 天 하늘 천 | 止 그칠 지 |

タッチ [타치] 터치

타 [ta]

※ 우리말의 「다」와 「타」의 중간이며, 단어 중간이나 끝에서는 「따」로 발음한다.

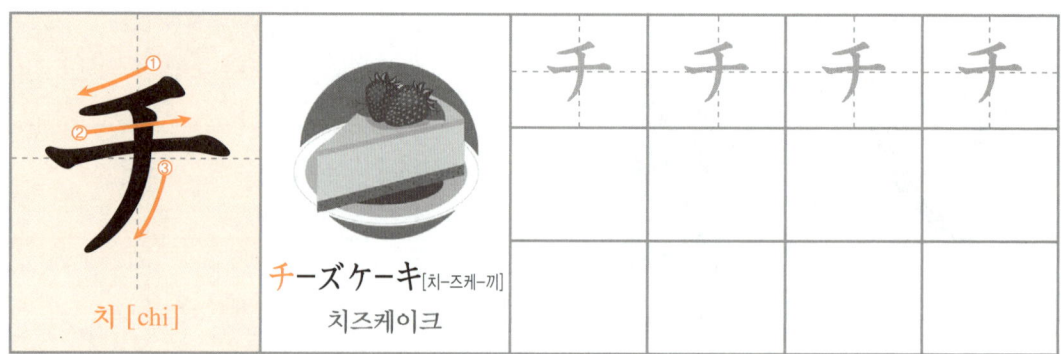

チーズケーキ [치-즈케-끼] 치즈케이크

치 [chi]

※ 우리말의 「지」와 「치」의 중간이며, 단어 중간이나 끝에서는 「찌」로 발음한다.

가타카나 청음

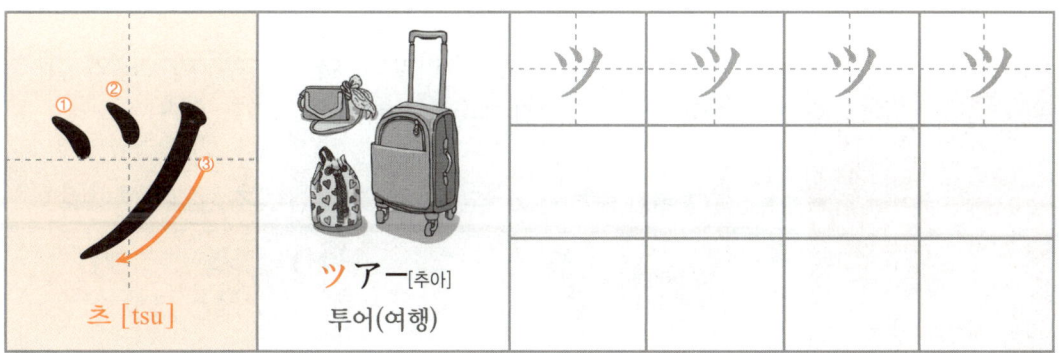

ツ [tsu]

ツアー[추아]
투어(여행)

※ 우리말의 「츠」와 「쓰」의 중간이다.

テ [te]

テニス[테니스] 테니스

※ 우리말의 「데」와 「테」의 중간이며, 단어 중간이나 끝에서는 「떼」로 발음한다.

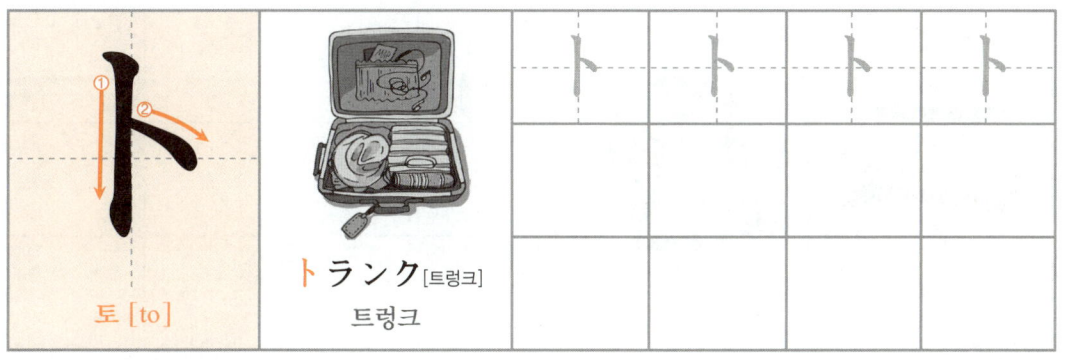

ト [to]

トランク[트렁크]
트렁크

※ 우리말의 「도」와 「토」의 중간이며, 단어 중간이나 끝에서는 「또」로 발음한다.

가타카나 쓰기 • 3단계 **89**

## 3단계

**ナ행**

ナ・ニ・ヌ・ネ・ノ

「ナ, ニ, ヌ, ネ, ノ」는 우리말의 「나, 니, 누, 네, 노」와 같으며, 「ヌ」는 「누」와 「느」의 중간이다.

| ナ행 | ナ 나 [na] | ニ 니 [ni] | ヌ 누 [nu] | ネ 네 [ne] | ノ 노 [no] |
|---|---|---|---|---|---|
| 한자유래 | 奈 어찌 나 | 二 두 이 | 奴 종 노 | 稱 칭할 칭 | 乃 어조사 내 |

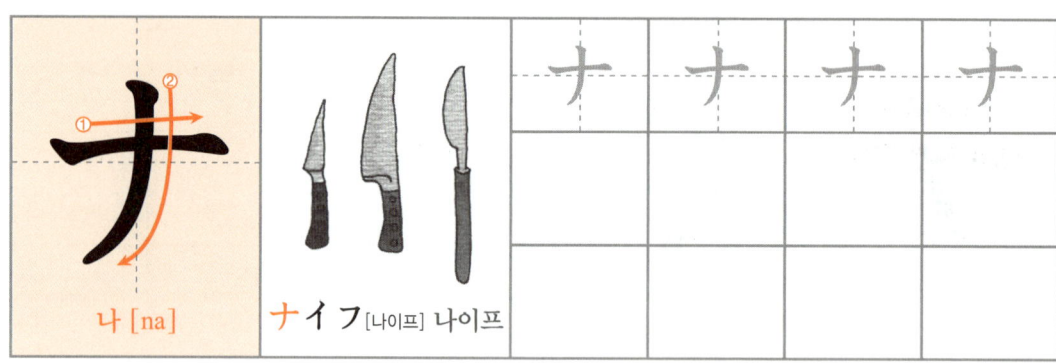

ナ  나 [na]

ナイフ [나이프] 나이프

ナ　ナ　ナ　ナ

※ 우리말의 「나」와 같다.

二  니 [ni]

ニット [닛또] 니트

二　二　二　二

※ 우리말의 「니」와 같다.

가타카나

※ 우리말의 「누」와 「느」의 중간이다.

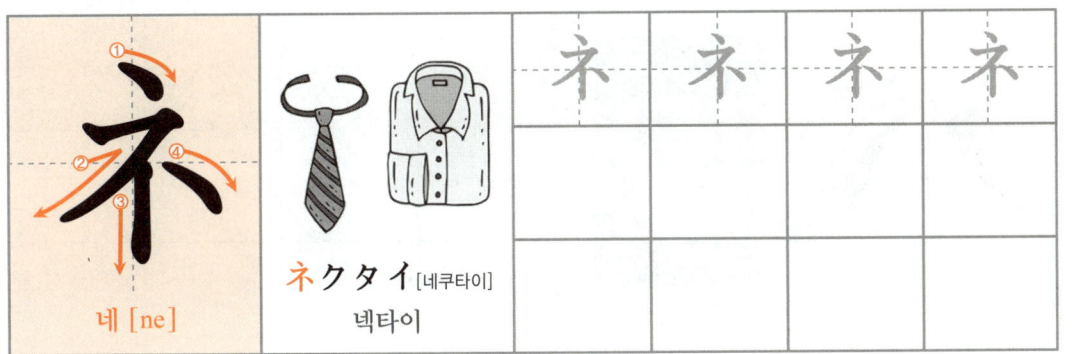

※ 우리말의 「네」와 같다.

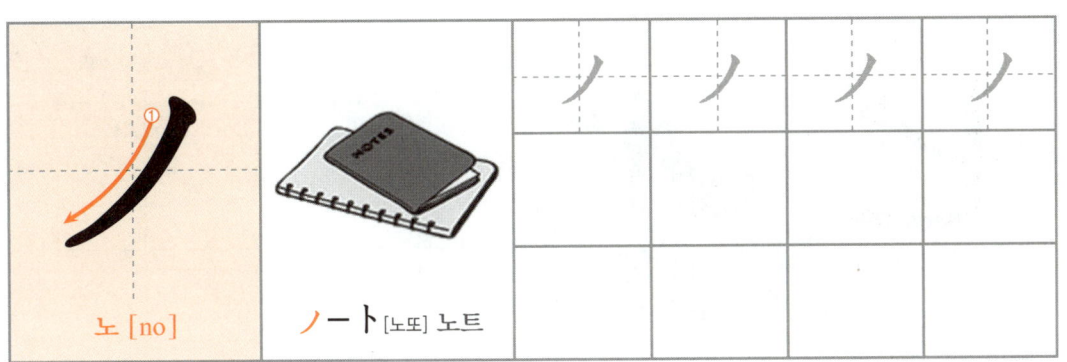

※ 우리말의 「노」와 같다.

# 3단계

**ハ행**

ハ・ヒ・フ・ヘ・ホ

「ハ, ヒ, フ, ヘ, ホ」는 우리말의 「하, 히, 후, 헤, 호」와 같으며, 「ハ」와 「ヘ」는 조사로 쓰일 때에는 「와」와 「에」로 발음하며 「フ」는 「후」와 「흐」의 중간음이다.

| ハ행 | ハ 하 [ha] | ヒ 히 [hi] | フ 후 [fu] | ヘ 헤 [he] | ホ 호 [ho] |
|---|---|---|---|---|---|
| 한자유래 | 八 여덟 팔 | 比 견줄 비 | 不 아닐 불 | 部 떼 부 | 保 지닐 보 |

하 [ha] — ハウス [하우스] 집

※ 우리말의 「하」와 같다. 조사로 쓰일 때는 「와(wa)」로 발음한다.

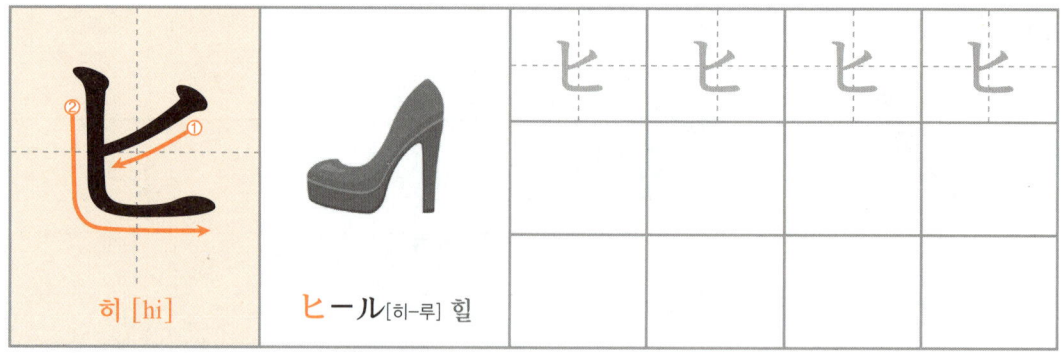

히 [hi] — ヒール [히-루] 힐

※ 우리말의 「히」와 같다.

가타카나 청음

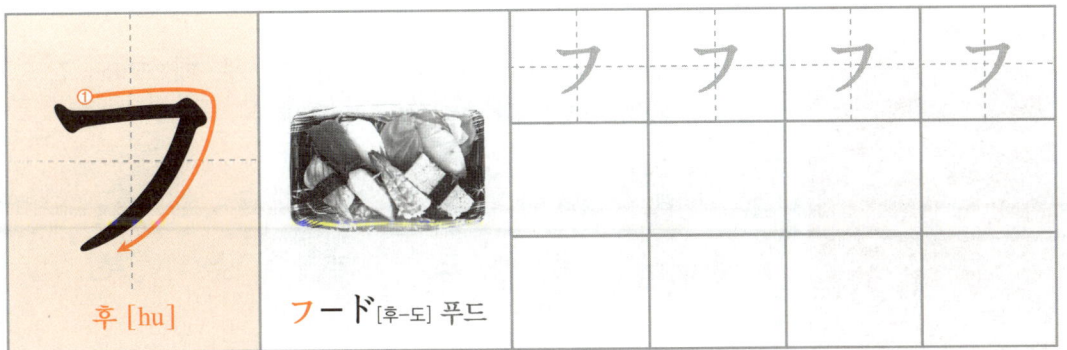

※ 우리말의 「후」와 「흐」의 중간이다.

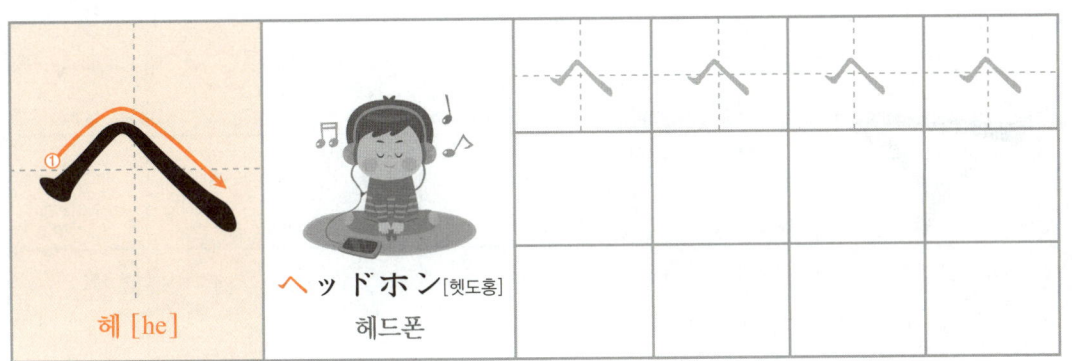

※ 우리말의 「헤」와 같으며 조사로 쓰일 때는 「에(e)」로 발음한다.

※ 우리말의 「호」와 같다.

# 3단계

**マ행**
マ·ミ·ム·メ·モ

「マ, ミ, ム, メ, モ」는 우리말의 「마, 미, 무, 메, 모」와 같으며, 「ム」는 「무」와 「므」의 중간음이다.

| マ행 | マ 마 [ma] | ミ 미 [mi] | ム 무 [mu] | メ 메 [me] | モ 모 [mo] |
|---|---|---|---|---|---|
| 한자유래 | 末 끝 말 | 三 석 삼 | 牟 소울 모 | 女 계집 녀 | 毛 털 모 |

마 [ma]

マウス [마우스] 마우스

※ 우리말의 「마」와 같다.

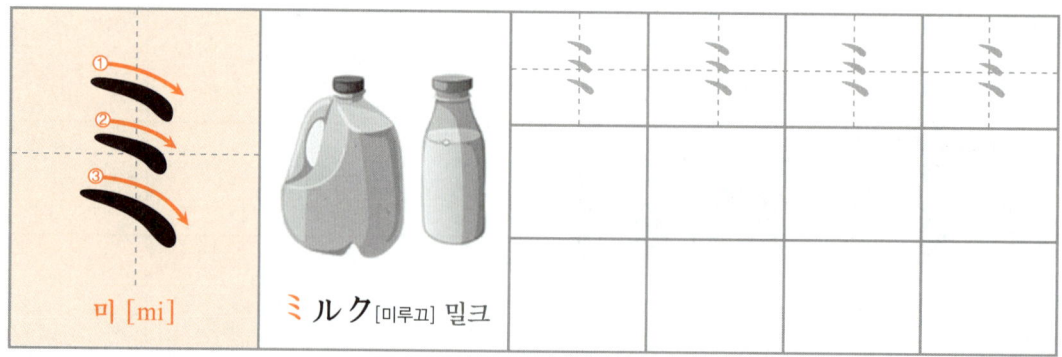

미 [mi]

ミルク [미루꾸] 밀크

※ 우리말의 「미」와 같다.

가타카나 청음

※ 우리말의 「무」와 「므」의 중간이다.

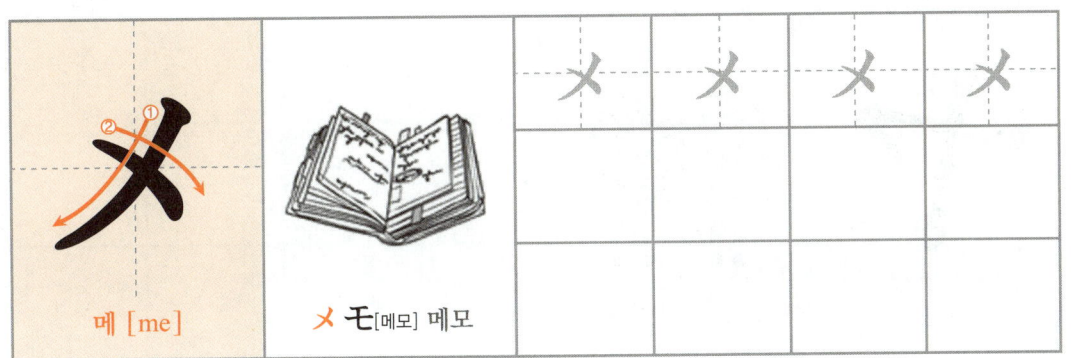

※ 우리말의 「메」와 같다.

※ 우리말의 「모」와 같다.

# 3단계

## ヤ행 (ヤ・ユ・ヨ)

「ヤ, ユ, ヨ」는 이중 모음으로 우리말의 「야, 유, 요」로 발음하며, 단 「ヨ」는 입술을 앞으로 내밀지 말아야 한다.

| ヤ행 | ヤ 야 [ya] | ユ 유 [yu] | ヨ 요 [yo] |
|---|---|---|---|
| 한자유래 | 也 잇기 야 | 由 말미암을 유 | 與 더불 여 |

### ヤ [ya]

ヤング [양구] 영(젊음)

| ヤ | ヤ | ヤ | ヤ |
|---|---|---|---|
|  |  |  |  |

※ 우리말의 「야」와 같다.

### ユ [yu]

ユニホーム [유니홈]
유니폼

| ユ | ユ | ユ | ユ |
|---|---|---|---|
|  |  |  |  |

※ 우리말의 「유」와 같다.

가타카나

ヨ [yo]

ヨーグルト [요-구루또]
요구르트

| ヨ | ヨ | ヨ | ヨ |
|---|---|---|---|
|  |  |  |  |

※ 우리말의 「요」와 같으며 입술을 앞으로 내밀지 않고 발음해야 한다.

### 가타카나 빙고 게임

| キ | イ | カ |
|---|---|---|
| ア⃝ | オ⃝ | ウ⃝ |
| コ | エ⃝ | ク |

| カ⃝ | ア | ウ |
|---|---|---|
| ク | オ⃝ | エ |
| ケ | キ | コ⃝ |

✏ _가타카나 빙고 게임방법_

① 가타카나로 네모칸을 꽉 채운다.
　가타카나 'ア행, カ행' 중에서 문자를 선택하는데 이 때 같은 문자가 겹치지 않도록 한다.
② 선생님이 읽었던 가타카나 문자를 찾아 동그라미를 친다.
③ 세로 또는, 가로 또는, 대각선으로 쭉 이어지면 '빙고'라고 외친다.

# 3단계

## ラ행
**ラ** ラ·リ·ル·レ·ロ

「ラ, リ, ル, レ, ロ」는 우리말의 「라, 리, 루, 레, 로」와 같으며, 영어의 [l], [r]을 나타내며 혀끝으로 가볍게 발음한다.

| ラ행 | ラ 라[ra] | リ 리[ri] | ル 루[ru] | レ 레[re] | ロ 로[ro] |
|---|---|---|---|---|---|
| 한자유래 | 良 어질 량 | 利 이로울 리 | 流 흐를 류 | 禮 예도 례 | 呂 풍류 여 |

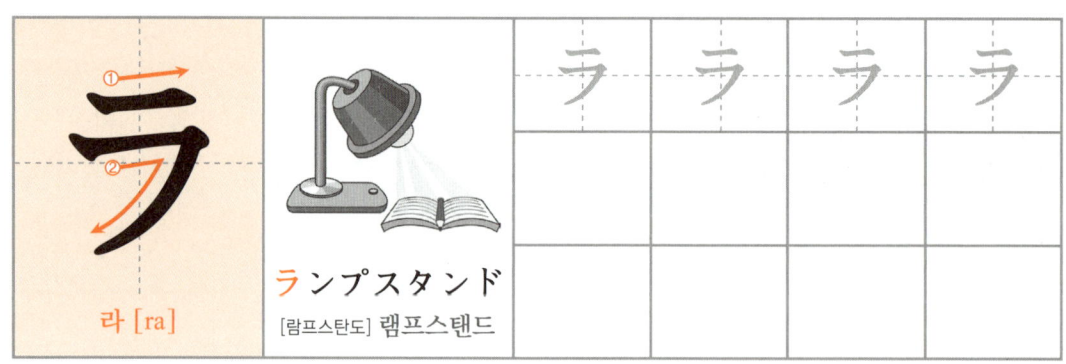

ラ 라 [ra]

ランプスタンド
[람프스탄도] 램프스탠드

| ラ | ラ | ラ | ラ |
|---|---|---|---|
|   |   |   |   |
|   |   |   |   |

※ 우리말의 「라」와 같다.

リ 리 [ri]

リボン [리봉] 리본

| リ | リ | リ | リ |
|---|---|---|---|
|   |   |   |   |
|   |   |   |   |

※ 우리말의 「리」와 같다.

가타카나

루 [ru]

ルーム [루-무] 교실(룸)

※ 우리말의 「루」와 「르」의 중간이다.

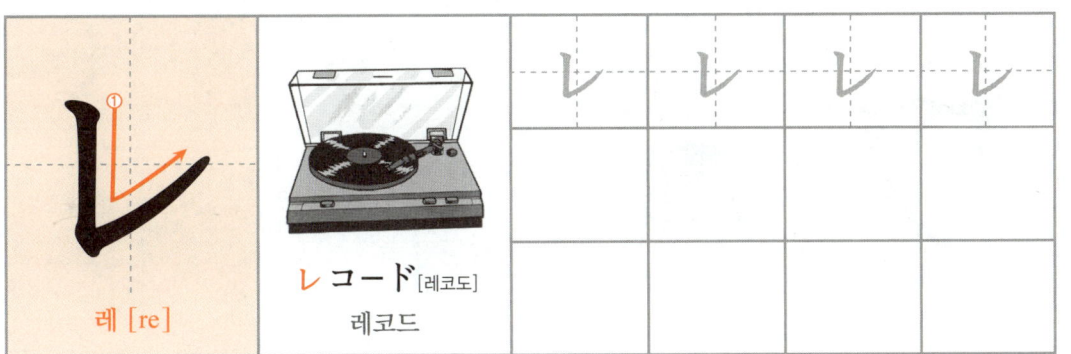

레 [re]

レコード [레코도]
레코드

※ 우리말의 「레」와 같다.

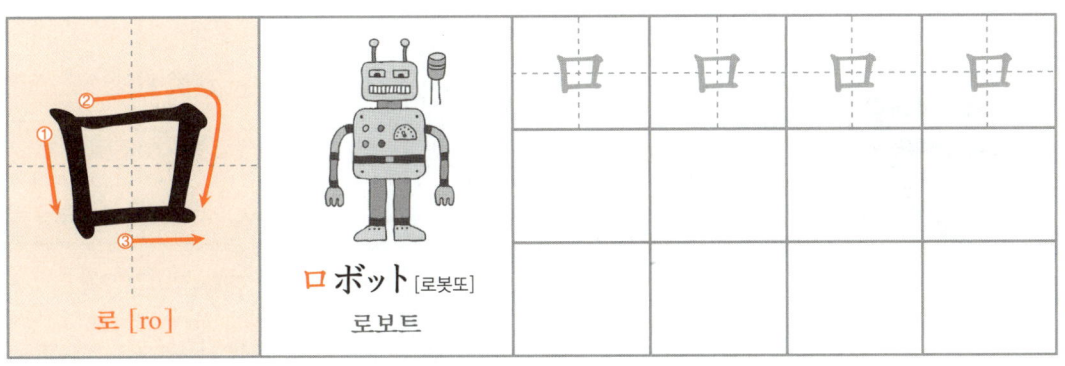

로 [ro]

ロボット [로봇또]
로보트

※ 우리말의 「로」와 같다.

# 3단계

## ワ행 ワ・ヲ・ン

「ワ」는 우리말의 「와」와 같으며, 「ヤ, ユ, ヨ」와 함께 이중모음이며 「ヲ」는 목적격(~을, 를)조사로만 쓰이며, 히라가나 「を」에 해당하지만 거의 쓰지 않는다. 「ン」은 받침으로만 쓰이며 50음에 속하지 않는다.

| ワ행 | ワ 와 [wa] | ヲ 오 [n(g)] | ン 응 [n(g)] |
|---|---|---|---|
| 한자유래 | 和 화할 화 | 乎 멀 원 | 爾 너 이 |

와 [wa]

ワイヤ [와이야] 와이어

※ 우리말의 「와」와 같다.

오 [o]

※ 우리말의 「오」와 같다.

100  3단계 왕초보 일본어 쓰기 교본

가타카나 청음

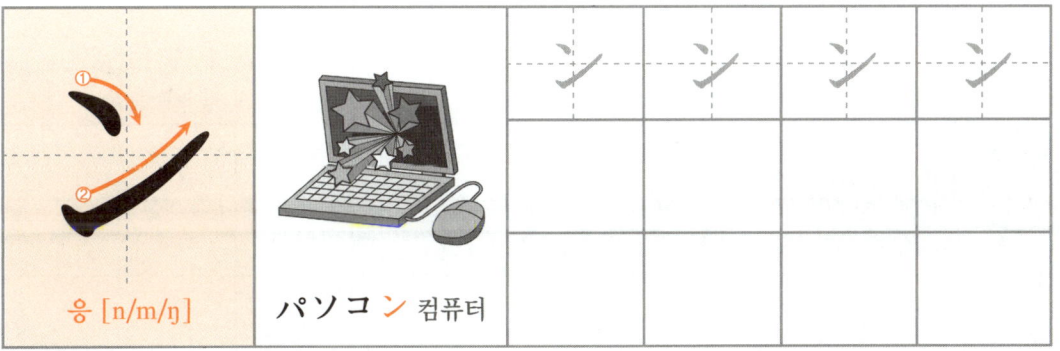

ン [n/m/ŋ]　パソコン 컴퓨터

※ 우리말의 「ㄴ, ㅁ, ㅇ」받침역할을 하고 뒤에 오는 음에 따라 발음이 다르다. 50음에 속하지 않는다.

### 가타카나 청음 빙고 게임

① 
| ム | メ | イ | ハ | ロ |
|---|---|---|---|---|
| ア | ユ | モ | ワ | ネ |
| ケ | ミ | ラ | ヘ | ナ |
| チ | ソ | ノ | リ | ヌ |
| タ | オ | マ | コ | ク |

② 
| ネ | ク | ナ | ヌ | ロ |
|---|---|---|---|---|
| ミ | モ | マ | ア | ハ |
| ソ | ワ | ノ | ケ | イ |
| オ | ヒ | ヘ | チ | メ |
| ユ | ラ | リ | タ | ム |

③ 
| コ | ヤ | シ | カ | セ |
|---|---|---|---|---|
| サ | ン | キ | ク | イ |
| ム | リ | ヘ | ワ | ヒ |
| エ | ミ | ユ | タ | ケ |
| ア | ソ | ネ | ハ | ナ |

④ 
| ト | イ | ム | ワ | ヒ |
|---|---|---|---|---|
| ハ | チ | リ | ヘ | エ |
| ネ | ク | ホ | ユ | ミ |
| ソ | ア | ケ | タ | ヤ |
| ン | キ | セ | カ | シ |

#### 가타카나 청음 빙고 게임방법
① 게임 용지를 학생에게 한 장씩 나눠준다.
② 반 학생 전체가 가타카나 하나씩 돌아가면서 부르도록 하여, 빙고 3줄이 나오면 그만하는 것으로 한다.
③ 선생님은 학생들이 부른 가타카나를 다른 용지에 적어 놓고, 3줄 빙고를 완성한 학생의 빙고용지를 확인한다.

* 게임을 통해서 일본어 학습을 해보는 것도 좋은 방법입니다.

## 혼동하기 쉬운 가타카나 쓰기

| ア a | ア | | | | | | |
|---|---|---|---|---|---|---|---|
| マ ma | マ | | | | | | |
| ヤ ya | ヤ | | | | | | |
| ヌ nu | ヌ | | | | | | |

| キ ki | キ | | | | | | |
|---|---|---|---|---|---|---|---|
| ケ ke | ケ | | | | | | |
| チ chi | チ | | | | | | |

| ウ u | ウ | | | | | | |
|---|---|---|---|---|---|---|---|
| ワ wa | ワ | | | | | | |
| ク ku | ク | | | | | | |
| タ ta | タ | | | | | | |

| シ shi | シ | | | | | | |
|---|---|---|---|---|---|---|---|
| ミ mi | ミ | | | | | | |
| ツ tsu | ツ | | | | | | |
| ソ so | ソ | | | | | | |
| ン n | ン | | | | | | |

| テ te | テ | | | | | | | |
|---|---|---|---|---|---|---|---|---|
| ラ ra | ラ | | | | | | | |
| ヲ wo | ヲ | | | | | | | |

| サ sa | サ | | | | | | | |
|---|---|---|---|---|---|---|---|---|
| ナ na | ナ | | | | | | | |
| ノ no | ノ | | | | | | | |
| メ me | メ | | | | | | | |

| ニ ni | ニ | | | | | | | |
|---|---|---|---|---|---|---|---|---|
| コ ko | コ | | | | | | | |
| ユ yu | ユ | | | | | | | |
| ヨ yo | ヨ | | | | | | | |

| リ ri | リ | | | | | | | |
|---|---|---|---|---|---|---|---|---|
| ル ru | ル | | | | | | | |
| レ re | レ | | | | | | | |

| ヒ hi | ヒ | | | | | | | |
|---|---|---|---|---|---|---|---|---|
| セ se | セ | | | | | | | |
| ヤ ya | ヤ | | | | | | | |

# 3단계

## ガ행
### ガ・ギ・グ・ゲ・ゴ

「ガ, ギ, グ, ゲ, ゴ」는 우리말의 「가, 기, 구, 게, 고」와 같으며 「カ행」에 탁음부호(˚)붙여서 발음하는 유성음이다. 「グ」는 「구」와 「그」의 중간음이다.

| ガ행 | ガ 가 [ga] | ギ 기 [gi] | グ 구 [gu] | ゲ 게 [ge] | ゴ 고 [go] |
|---|---|---|---|---|---|

**ガ** 가 [ga]  
ガール [가-루] 소녀

※ 우리말의 「가」와 같다.

**ギ** 기 [gi]  
ギフト [기프또] 선물

※ 우리말의 「기」와 같다.

가타카나

※ 우리말의 「구」와 「그」의 중간이다.

※ 우리말의 「계」와 같다.

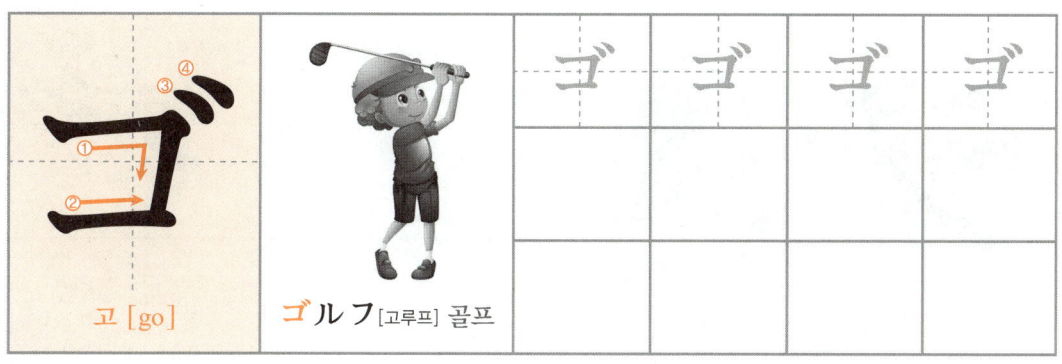

※ 우리말의 「고」와 같다.

## 3단계

### ザ행
ザ・ジ・ズ・ゼ・ゾ

「ザ, ジ, ズ, ゼ, ゾ」는 우리말의 「자, 지, 즈, 제, 조」와 같으며, 「サ행」에 탁음부호(゛)붙여서 발음하는 유성음이다. 「ズ」는 「주」와 「즈」의 중간음이다.

| サ행 | ザ 자 [za] | ジ 지 [zi] | ズ 즈 [zu] | ゼ 제 [ze] | ゾ 조 [zo] |

자 [za]

デザート [데자또]
디저트

| ザ | ザ | ザ | ザ |
|---|---|---|---|
|   |   |   |   |
|   |   |   |   |

※ 우리말의 「자」와 같다.

ジ
지 [zi]

ジャケット [쟈켓또]
자켓

| ジ | ジ | ジ | ジ |
|---|---|---|---|
|   |   |   |   |
|   |   |   |   |

※ 우리말의 「지」와 같다.

가타카나 탁음

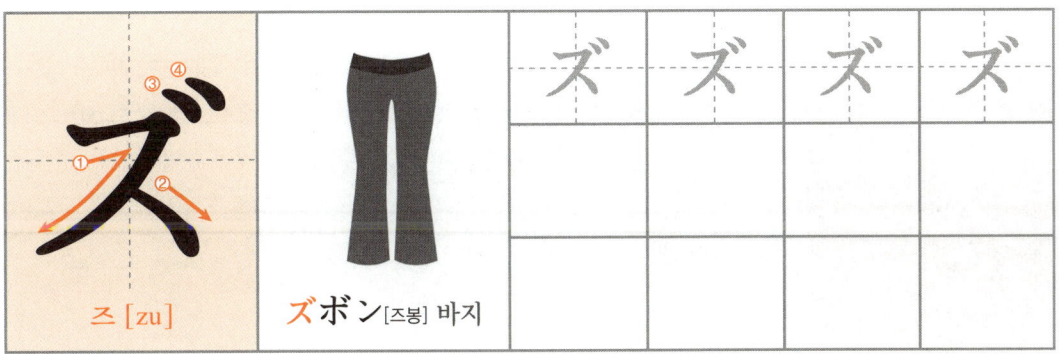

ズ [zu]

ズボン [즈봉] 바지

※ 우리말의 「주」와 「즈」의 중간이다.

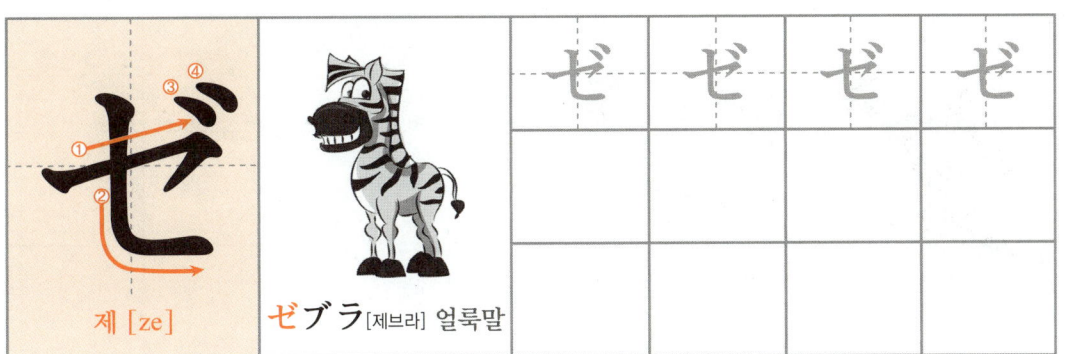

ゼ [ze]

ゼブラ [제브라] 얼룩말

※ 우리말의 「제」와 같다.

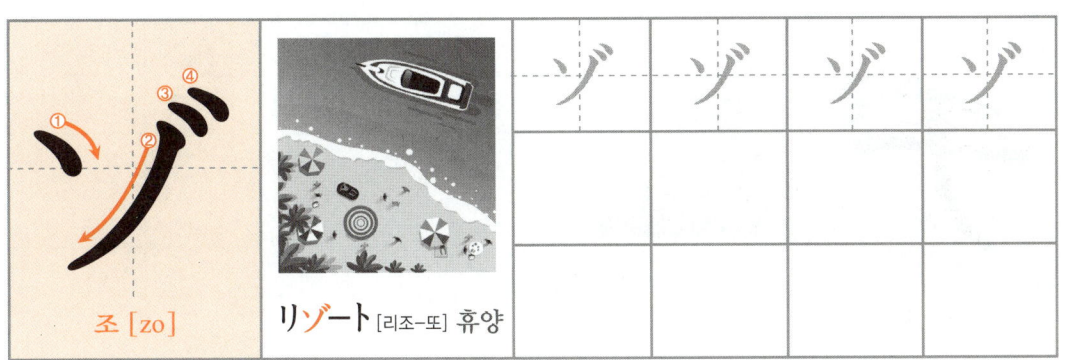

ゾ [zo]

リゾート [리조-또] 휴양

※ 우리말의 「조」와 같다.

가타카나 쓰기 · 3단계 **107**

# 3단계

## ダ행 ダ·ヂ·ヅ·デ·ド

「ダ, ヂ, ヅ, デ, ド」는 우리말의 「다, 지, 즈, 데, 도」와 같으며, 「夕행」에 탁음부호(ﾞ)붙여서 발음하는 유성음이다. 「ヅ」는 「주」와 「즈」의 중간음이다.

| ダ행 | ダ 다 [da] | ヂ 지 [zi] | ヅ 즈 [zu] | デ 데 [de] | ド 도 [do] |
|---|---|---|---|---|---|

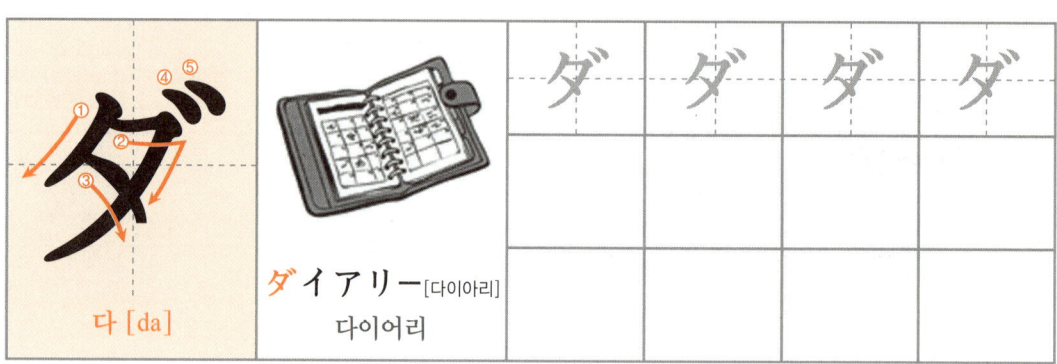

**ダ** 다 [da]

ダイアリー [다이아리]
다이어리

※ 우리말의 「다」와 같다.

**ヂ** 지 [zi]

ヂウロン [디우론]
제초제

※ 우리말의 「지」와 같다.

가타카나 탁음

ヅケ [즈케]
[요리] 절인 것

즈 [zu]

※ 우리말의 「주」와 「즈」의 중간이다.

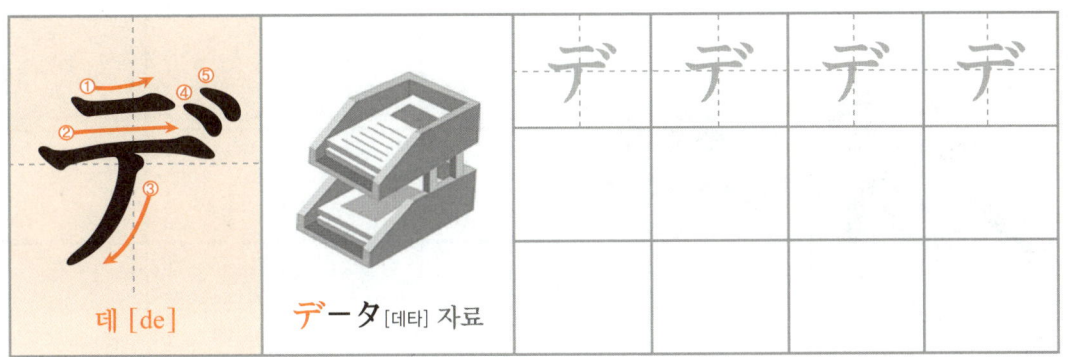

データ [데타] 자료

데 [de]

※ 우리말의 「데」와 같다.

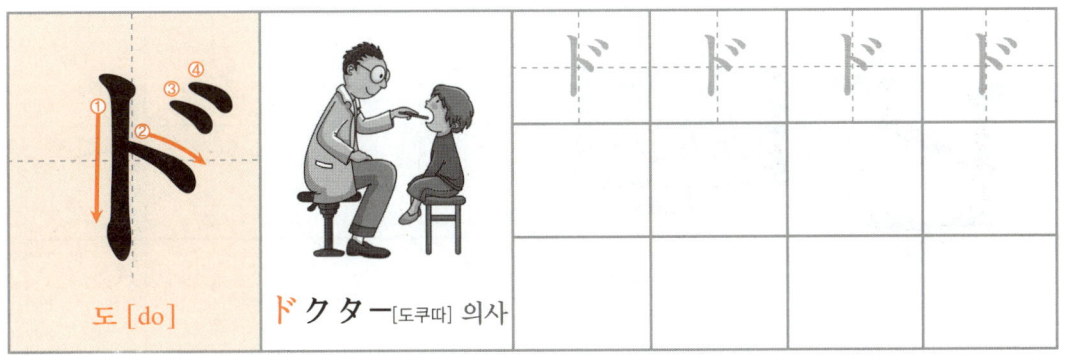

ドクター [도쿠따] 의사

도 [do]

※ 우리말의 「도」와 같다.

가타카나 쓰기 · 3단계 **109**

# 3단계

## バ행
バ・ビ・ブ・ベ・ボ

「バ, ビ, ブ, ベ, ボ」는 우리말의 「바, 비, 부, 베, 보」와 같으며, 「ハ행」에 탁음부호(゛)붙여서 발음하는 유성음이다.

| バ행 | バ 바 [ba] | ビ 비 [bi] | ブ 부 [bu] | ベ 베 [be] | ボ 보 [bo] |

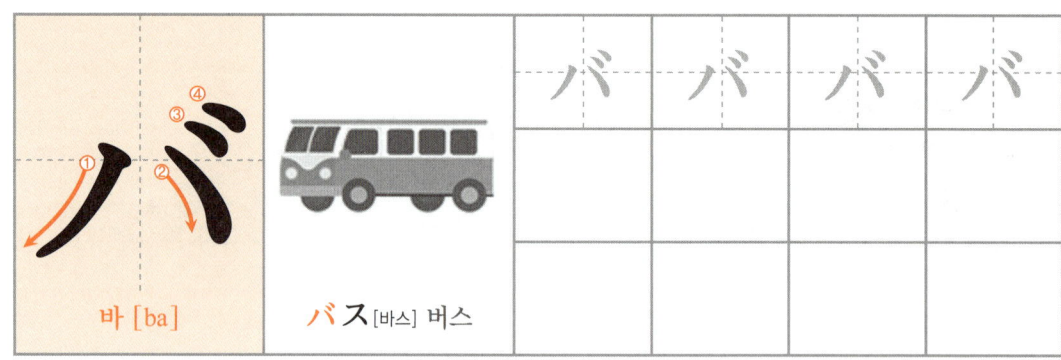

바 [ba]

バス [바스] 버스

※ 우리말의 「바」와 같다.

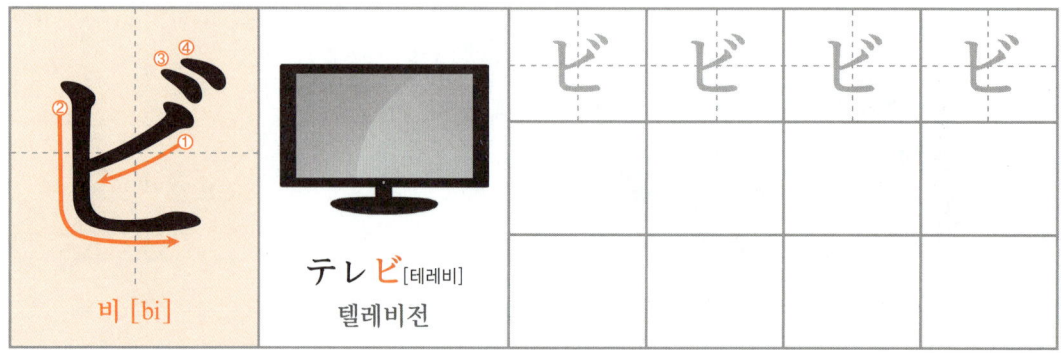

비 [bi]

テレビ [테레비] 텔레비전

※ 우리말의 「비」와 같다.

가타카나  탁음

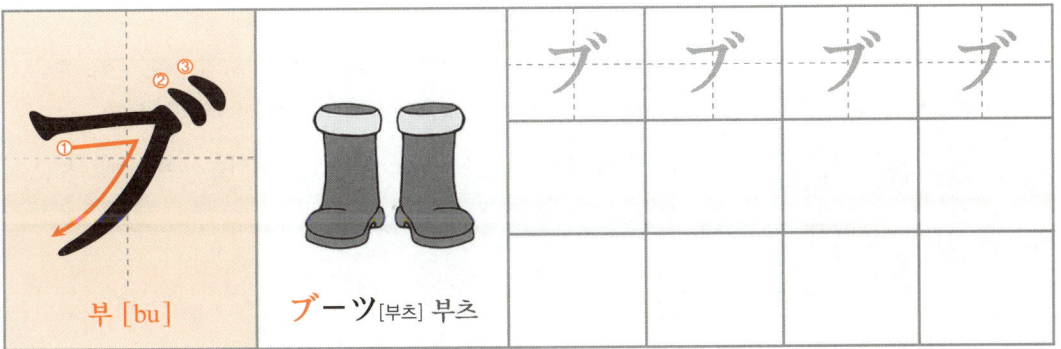

부 [bu]

ブーツ [부츠] 부츠

※ 우리말의 「부」와 같다.

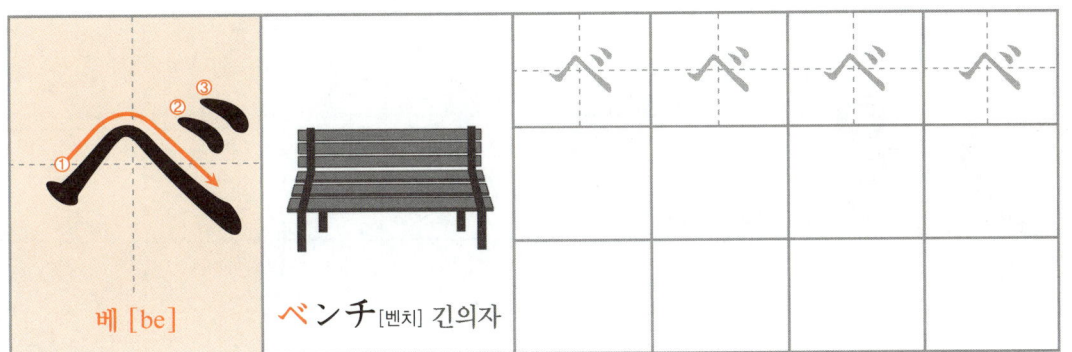

베 [be]

ベンチ [벤치] 긴의자

※ 우리말의 「베」와 같다.

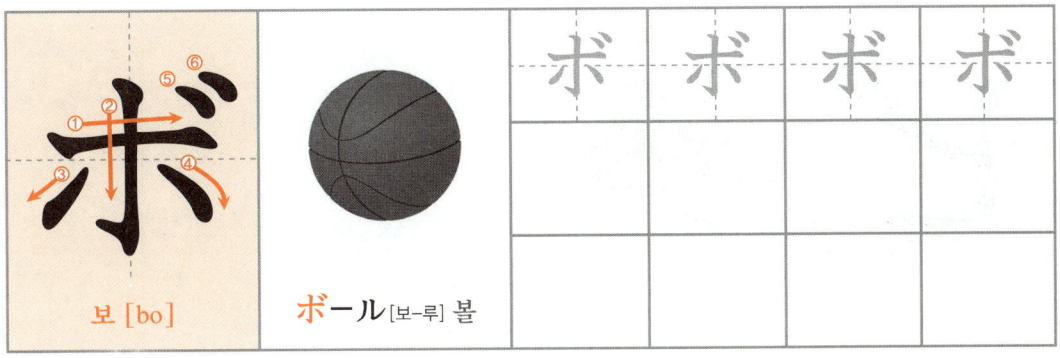

보 [bo]

ボール [보-루] 볼

※ 우리말의 「보」와 같다.

# 3단계

**パ행** パ・ピ・プ・ペ・ポ

「パ, ピ, プ, ペ, ポ」는 반탁음으로 우리말의 「파, 피, 푸, 페, 포」와 같으며, 「ハ행」 오른쪽 윗부분에 반탁점(°)을 붙여서 발음한다. 단어 중간이나 끝에서는 「빠, 삐, 뿌, 뻬, 뽀」로 발음한다.

| パ행 | パ 파 [pa] | ピ 피 [pi] | プ 푸 [pu] | ペ 페 [pe] | ポ 포 [po] |

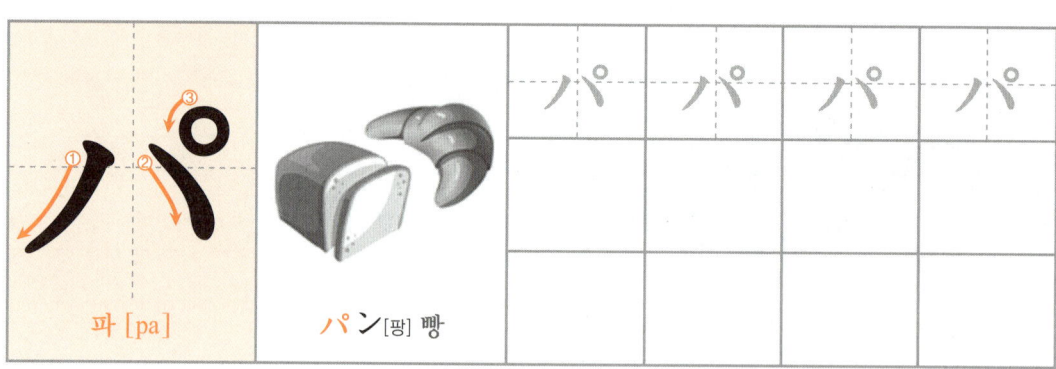

パン [팡] 빵

※ 우리말의 「파」와 같으며 단어 중간이나 끝에서는 「빠」로 발음한다.

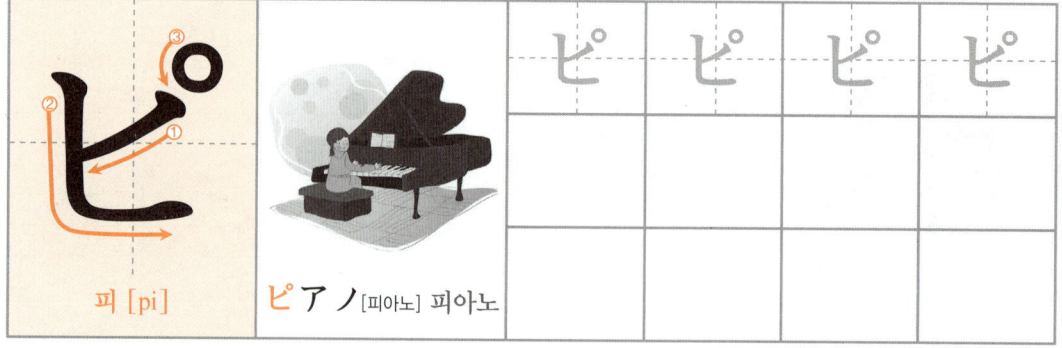

ピアノ [피아노] 피아노

※ 우리말의 「피」와 같으며 단어 중간이나 끝에서는 「삐」로 발음한다.

※ 우리말의 「푸」와 같으며 단어 중간이나 끝에서는 「뿌」로 발음한다.

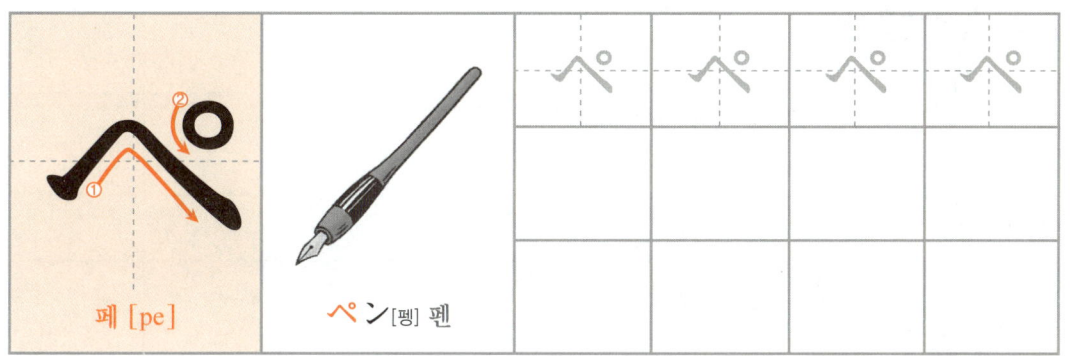

※ 우리말의 「페」와 같으며 단어 중간이나 끝에서는 「뻬」로 발음한다.

※ 우리말의 「포」와 같으며 단어 중간이나 끝에서는 「뽀」로 발음한다.

# 3단계

## 요음(拗音)

요음(拗音)은 イ단 글자 중에 イ를 제외한 「キ, シ, チ, ニ, ヒ, ミ, リ, ギ, ジ, ビ, ピ」에 반모음의 작은 글자 「ャ, ュ, ョ」를 붙여서 한 음절로 발음하는 33음이다. 따라서 「ャ, ュ, ョ」는 우리말의 「ㅑ, ㅠ, ㅛ」와 같으며 두 개의 글자이지만 한 개의 음절로 인식하고 짧게 발음한다.

캬 [kya]

キャラクター
[캬라쿠따] 캐릭터

※ 우리말의 「캬」와 같다.

큐 [kyu]

キュート [큐또]
큐티(예쁨)

※ 우리말의 「큐」와 같다.

쿄 [kyo]

キョクアジサシ
[쿄쿠아지사싱] 극제갈매기

※ 우리말의 「쿄」와 같다.

가타카나 요음

샤 [sya]
シャンプー [샴푸-]
샴푸

※ 우리말의 「샤」와 같다.

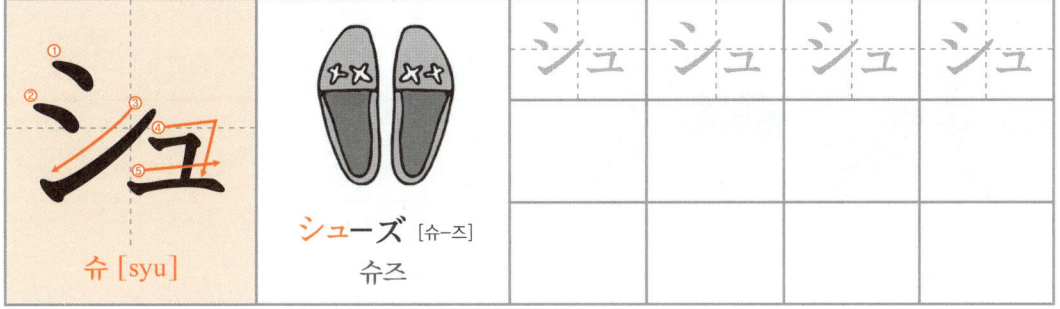

슈 [syu]
シューズ [슈-즈]
슈즈

※ 우리말의 「슈」와 같다.

쇼 [syo]
アクション [아쿠숑]
행동

※ 우리말의 「쇼」와 같다.

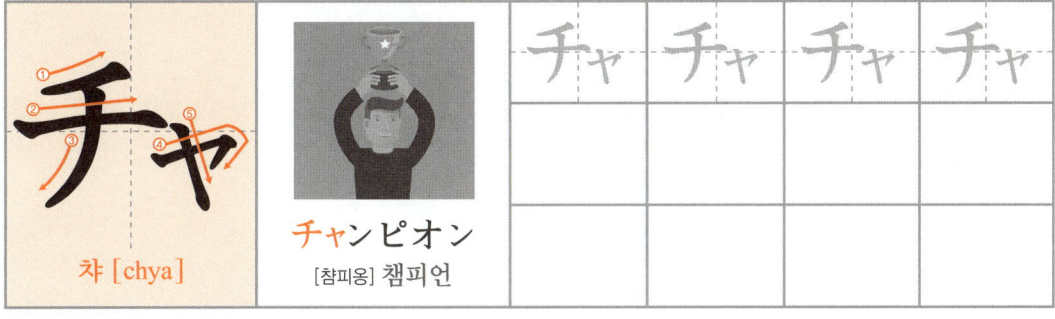

챠 [chya]
チャンピオン
[챠피옹] 챔피언

※ 우리말의 「챠」와 같다.

# 3단계

츄 [chyu]

スチュワーデス
[스츄와데스] 스튜어디스

※ 우리말의 「츄」와 같다.

쵸 [chyo]

チョコレート
[쵸코레-또] 초콜릿

※ 우리말의 「쵸」와 같다.

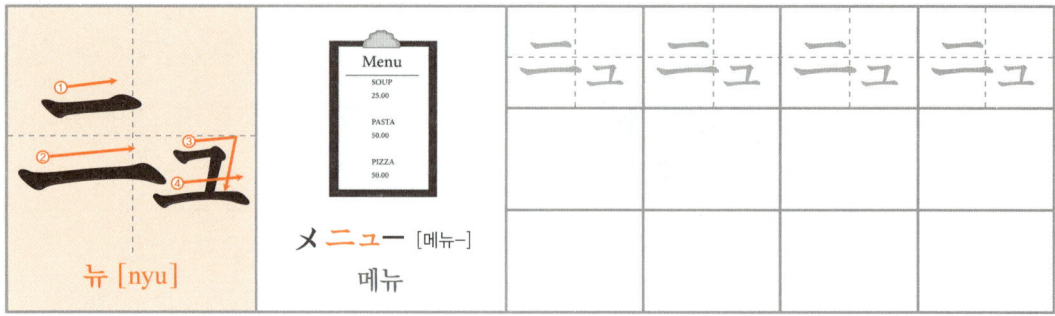

냐 [nya]

クーニャン [쿠-냥]
아가씨(중국어)

※ 우리말의 「냐」와 같다.

뉴 [nyu]

メニュー [메뉴-]
메뉴

※ 우리말의 「뉴」와 같다.

가타카나

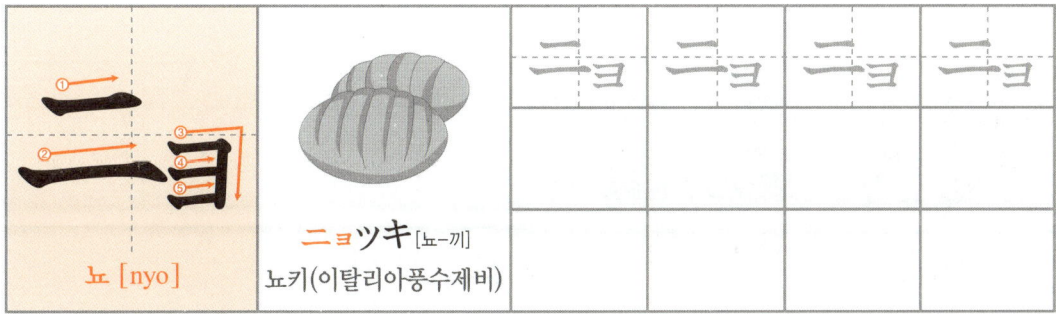

※ 우리말의 「뇨」와 같다.

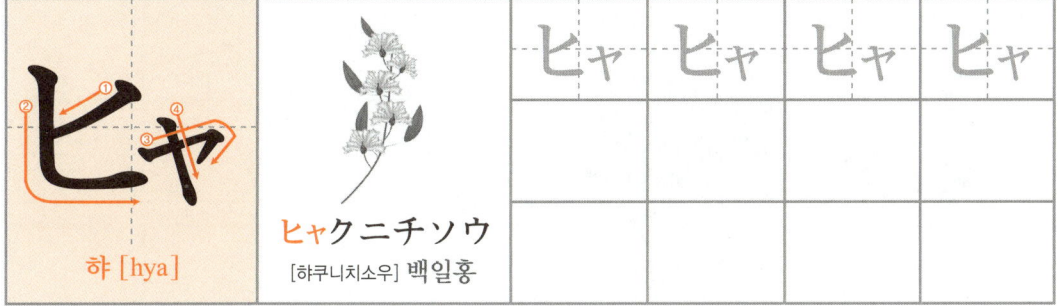

※ 우리말의 「햐」와 같다.

※ 우리말의 「휴」와 같다.

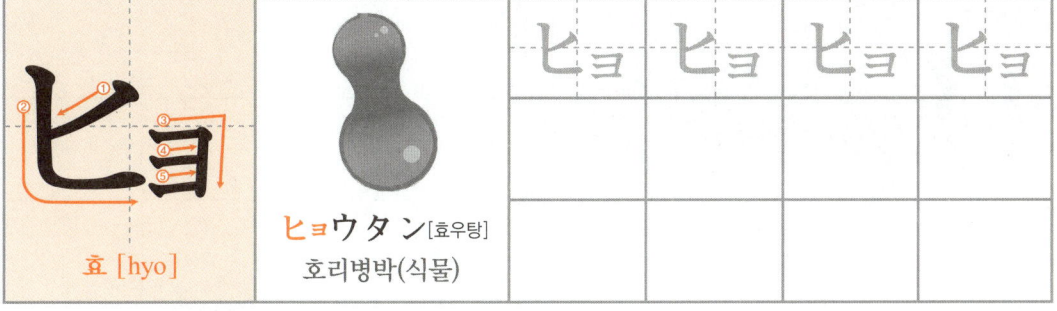

※ 우리말의 「효」와 같다.

# 3단계

| | | ミャ | ミャ | ミャ | ミャ |
|---|---|---|---|---|---|
| ミャ<br>먀 [mya] | ミャンマー [먄마-]<br>미얀마 | | | | |

※ 우리말의 「먀」와 같다.

| | | ミュ | ミュ | ミュ | ミュ |
|---|---|---|---|---|---|
| ミュ<br>뮤 [myu] | ミュージアム<br>[뮤-지아무] 박물관 | | | | |

※ 우리말의 「뮤」와 같다.

| | | ミョ | ミョ | ミョ | ミョ |
|---|---|---|---|---|---|
| ミョ<br>묘 [myo] | ミョンドン [묜동]<br>명동(지명) | | | | |

※ 우리말의 「묘」와 같다.

| | | リャ | リャ | リャ | リャ |
|---|---|---|---|---|---|
| リャ<br>랴 [rya] | リャンコ [랑꼬] 두 개 | | | | |

※ 우리말의 「랴」와 같다.

가타카나 요음

リュ 류 [ryu]

リュックサック [륙꾸삭꾸] 배낭

※ 우리말의 「류」와 같다.

リョ 료 [ryo]

リョウブ [료-부] 매화오리나무

※ 우리말의 「료」와 같다.

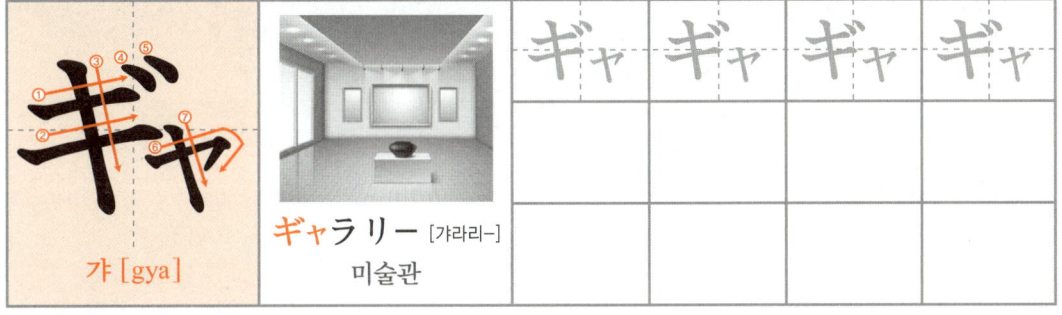

ギャ 갸 [gya]

ギャラリー [갸라리-] 미술관

※ 우리말의 「갸」와 같다.

ギュ 규 [gyu]

フィギュア [피규아] 피겨

※ 우리말의 「규」와 같다.

# 3단계

ギョ / 교 [gyo]
ギョーザ [교-자]
교자(중국만두)

※ 우리말의 「교」와 같다.

ジャ / 쟈 [zya]
ジャングル [장그루]
정글

※ 우리말의 「쟈」와 같다.

ジュ / 쥬 [zyu]
カジュアル [카쥬아루]
캐주얼

※ 우리말의 「쥬」와 같다.

ジョ / 죠 [zyo]
ジョギング [죠깅구]
조깅

※ 우리말의 「죠」와 같다.

가타카나 요음

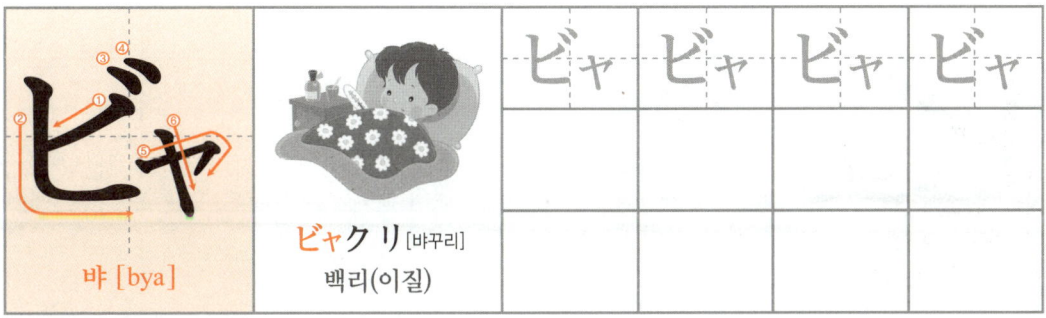

바 [bya]

ビャクリ [뱌꾸리]
백리(이질)

※ 우리말의 「뱌」와 같다.

뷰 [byu]

ビュッフェ [뷔페] 뷔페

※ 우리말의 「뷰」와 같다.

뵤 [byo]

ビョルンソン [뵤룬손]
비에른손, 노르웨이의 시인·
소설가·극작가(1832-1910)

※ 우리말의 「뵤」와 같다.

퍄 [pya]

ピャチゴルスク
[퍄츄고루스꾸]
퍄티고르스크.(지명)

※ 우리말의 「퍄」와 같다.

## 3단계

**ピュ** [pyu]

| ピュ | ピュ | ピュ | ピュ |
|---|---|---|---|
|  |  |  |  |
|  |  |  |  |

ピューマ [퓨-마]
퓨마

※ 우리말의 「퓨」와 같다.

**ピョ** [pyo]

| ピョ | ピョ | ピョ | ピョ |
|---|---|---|---|
|  |  |  |  |
|  |  |  |  |

ピョンチャン [평창]
평창(지명)

※ 우리말의 「표」와 같다.

## 단어 연습

○ 다음을 단어를 읽고 써보세요.

| アルバム<br>앨범 | アルバム | | | |
|---|---|---|---|---|
| イチゴ<br>딸기 | イチゴ | | | |
| ウインク<br>윙크 | ウインク | | | |
| エレベーター<br>엘리베이터 | エンジン | | | |
| オレンジ<br>오렌지 | オレンジ | | | |
| カ<br>차 | カ | | | |
| キウイ<br>키위 | キウイ | | | |
| クラブ<br>게살 | クラブ | | | |
| ケーキ<br>케이크 | ケーキ | | | |
| コーヒー<br>커피 | コーヒー | | | |

## 단어 연습

● 다음을 단어를 읽고 써보세요.

|  | | | | |
|---|---|---|---|---|
| サラダ<br>샐러드 | サラダ | | | |
| システム<br>시스템 | システム | | | |
| スカート<br>스커트 | スカート | | | |
| セット<br>세트 | セット | | | |
| ソース<br>소스 | ソース | | | |
| タッチ<br>터치 | タッチ | | | |
| チーズケーキ<br>치즈케이크 | チーズケーキ | | | |
| ツアー<br>투어 | ツアー | | | |
| テニス<br>테니스 | テニス | | | |
| トランク<br>트렁크 | トランク | | | |

| | | | | |
|---|---|---|---|---|
| ナイフ<br>나이프 | ナイフ | | | |
| ニット<br>니트 | ニュース | | | |
| ヌードル<br>누들 | ヌードル | | | |
| ネクタイ<br>넥타이 | ネクタイ | | | |
| ノート<br>노트 | ノート | | | |
| ハウス<br>집 | ハウス | | | |
| ヒール<br>힐 | ヒール | | | |
| フード<br>푸드 | フード | | | |
| ヘッドホン<br>헤드폰 | ヘッドホン | | | |
| ホテル<br>호텔 | ホテル | | | |

### 단어 연습

다음을 단어를 읽고 써보세요.

|  | | | | |
|---|---|---|---|---|
| **マウス** 마우스 | マウス | | | |
| **ミルク** 밀크 | ミルク | | | |
| **ムード** 분위기 | ムード | | | |
| **メモ** 메모 | メモ | | | |
| **モンキー** 몽키 | モンキー | | | |
| **ヤング** 영 | ヤング | | | |
| **ユニホーム** 유니폼 | ユニホーム | | | |
| **ヨーグルト** 요구르트 | ヨーグルト | | | |
| **ランプスタンド** 램프스탠드 | ランプスタンド | | | |
| **リボン** 리본 | リボン | | | |

| | | | | |
|---|---|---|---|---|
| **ルーム** 교실(룸) | ルーム | | | |
| **レコード** 레코드 | レコード | | | |
| **ロボット** 로보트 | ロボット | | | |
| **ワイヤ** 와이어 | ワイヤ | | | |
| **パソコン** 컴퓨터 | パソコン | | | |
| **ガール** 소녀 | ガール | | | |
| **ギフト** 선물 | ギフト | | | |
| **グラス** 글라스 | グリーン | | | |
| **ゲーム** 게임 | ゲーム | | | |
| **ゴルフ** 골프 | ゴルフ | | | |

## 단어 연습

● 다음을 단어를 읽고 써보세요.

|  | | | | |
|---|---|---|---|---|
| デザート<br>디저트 | デザート | | | |
| ジャケット<br>자켓 | ジャケット | | | |
| ズボン<br>바지 | ズボン | | | |
| ゼブラ<br>얼룩말 | ゼブラ | | | |
| リゾート<br>휴양 | リゾート | | | |
| ダイアリー<br>다이어리 | ダイアリー | | | |
| カンヂ<br>한랭지 | カンヂ | | | |
| セール<br>세일 | セール | | | |
| データ<br>자료 | データ | | | |
| ドクター<br>의사 | ドクター | | | |

| | | | | |
|---|---|---|---|---|
| **バス**<br>비스 | バス | | | |
| **テレビ**<br>텔레비전 | テレビ | | | |
| **ブーツ**<br>부츠 | ブーツ | | | |
| **ベンチ**<br>긴의자 | ベンチ | | | |
| **ボール**<br>볼 | ボール | | | |
| **パン**<br>빵 | パン | | | |
| **ピアノ**<br>피아노 | ピアノ | | | |
| **プール**<br>풀장 | プール | | | |
| **ペン**<br>펜 | ペン | | | |
| **ポスト**<br>우체통 | ポスト | | | |

### 단어 연습

● 다음을 단어를 읽고 써보세요.

|  |  | | | | |
|---|---|---|---|---|---|
| キャラクター<br>캐릭터 | キャラクター | | | | |
| キュート<br>큐티(예쁨) | キュート | | | | |
| キョクアジサシン<br>극제갈매기 | キョクアジサシン | | | | |
| シャンプー<br>샴푸 | シャンプー | | | | |
| シューズ<br>슈즈 | シューズ | | | | |
| アクション<br>행동 | アクション | | | | |
| チャンピオン<br>챔피언 | チャンピオン | | | | |
| スチュワーデス<br>스튜어디스 | スチュワーデス | | | | |
| チョコレート<br>초콜릿 | チョコレート | | | | |
| クーニャン<br>아가씨(중국어) | クーニャン | | | | |

| メニュー 메뉴 | メニュー | | | |
|---|---|---|---|---|
| ニョロトノ 왕구리(포켓몬) | ニョロトノ | | | |
| ヒャクニチソウ 백일홍 | ヒャクニチソウ | | | |
| ヒューマン 휴먼 | ヒューマン | | | |
| ヒョウタン 호리병박(식물) | ヒョウタン | | | |
| ミャンマー 미얀마 | ミャンマー | | | |
| ミュージアム 박물관 | ミュージアム | | | |
| ミョンドン 명동(지명) | ミョンドン | | | |
| リャンコ 두 개 | リャンコ | | | |
| リュックサック 배낭 | リュックサック | | | |

## 단어 연습

● 다음을 단어를 읽고 써보세요.

|  | | | | |
|---|---|---|---|---|
| リョウブ<br>매화오리나무 | リョウブ | | | |
| ギャラリー<br>미술관 | ギャラリー | | | |
| フィギュア<br>피겨 | フィギュア | | | |
| ギョーザ<br>교자(중국만두) | ギョーザ | | | |
| ジャングル<br>정글 | ジャングル | | | |
| カジュアル<br>캐주얼 | カジュアル | | | |
| ジョギング<br>조깅 | ジョギング | | | |
| ビャクリ<br>백리(이질) | ビャクリ | | | |
| ビュッフェ<br>뷔페 | ビュッフェ | | | |
| ミナマタビョウ<br>미나타병 | ミナマタビョウ | | | |

| ピャチゴルスク<br>퍄티고르스크(지명) | ピャチゴルスク | | | |
|---|---|---|---|---|
| ピューマ<br>퓨마 | ピューマ | | | |
| ピョンチャン<br>평창(지명) | ピョンチャン | | | |

# 3단계 왕초보 일본어 쓰기교본

## 부록

- 일본어 기본 어휘
- 기본 문장 쓰기

# 일본어 기본 어휘

● 가족 호칭

| 의 미 | 자기 가족을 말할 때 | 남의 가족을 말할 때 |
|---|---|---|
| 할아버지 | そふ(祖父) | おじいさん |
| 할머니 | そぼ(祖母) | おばあさん |
| 아버지 | ちち(父) | おとう(父)さん |
| 어머니 | はは(母) | おかあ(母)さん |
| 형님, 형 | あに(兄) | おにい(兄)さん |
| 누님, 누나 | あね(姉) | おねえ(姉)さん |
| (남)동생 | おとうと(弟) | おとうと(弟)さん |
| (여)동생 | いもうと(妹) | いもうと(妹)さん |
| 가족 | かぞく(家族) | ごかぞく(家族) |
| 부모님 | りょうしん(兩親) | ごりょうしん(兩親) |
| 주인, 남편 | しゅじん(主人) | ごしゅじん(主人) |
| 부인, 아내 | かない(家內) | おく(奧)さん |
| 형제 | きょうだい(兄弟) | ごきょうだい(兄弟) |
| 아이 | こども(子供) | おこ(子)さん |
| 따님, 딸 | むすめ(娘) | おじょう(孃)さん |
| 아드님, 아들 | むすこ(息子) | むすこ(息子)さん |
| 아저씨 | おじ | おじさん |
| 아주머니 | おば | おばさん |

● 숫자

| 수 | 한자 |
|---|---|
| 1 | いち(一) |
| 2 | に(二) |
| 3 | さん(三) |
| 4 | よん・し(四) |
| 5 | ご(五) |
| 6 | ろく(六) |
| 7 | しち・なな(七) |
| 8 | はち(八) |
| 9 | く・きゅう(九) |
| 10 | じゅう(十) |
| 11 | じゅういち(十一) |
| 12 | じゅうに(十二) |
| 13 | じゅうさん(十三) |
| 14 | じゅうよん・じゅうし(十四) |
| 15 | じゅうご(十五) |
| 16 | じゅうろく(十六) |
| 17 | じゅうしち・じゅうなな(十七) |
| 18 | じゅうはち(十八) |
| 19 | じゅうきゅう・じゅうく(十九) |
| 20 | にじゅう(二十) |
| 30 | さんじゅう(三十) |
| 40 | よんじゅう・しじゅう(四十) |
| 50 | ごじゅう(五十) |
| 60 | ろくじゅう(六十) |
| 70 | しちじゅう・ななじゅう(七十) |
| 80 | はちじゅう(八十) |
| 90 | きゅうじゅう(九十) |

| 수 | 한자 |
|---|---|
| 100 | ひゃく(百) |
| 200 | にひゃく(二百) |
| 300 | さんびゃく(三百) |
| 400 | よんひゃく(四百) |
| 500 | ごひゃく(五百) |
| 600 | ろっぴゃく(六百) |
| 700 | ななひゃく(七百) |
| 800 | はっぴゃく(八百) |
| 900 | きゅうひゃく(九百) |
| 1,000 | せん(千) |
| 2,000 | にせん(二千) |
| 3,000 | さんぜん(三千) |
| 4,000 | よんせん(四千) |
| 5,000 | ごせん(五千) |
| 6,000 | ろくせん(六千) |
| 7,000 | ななせn(七千) |
| 8,000 | はっせん(八千) |
| 9,000 | きゅうせん(九千) |
| 10,000 | いちまん(一万) |
| 100,000 | じゅうまん(十万) |
| 1,000,000 | ひゃくまん(百万) |
| 10,000,000 | せんまん(千万) |
| 100,000,000 | いちおく(一億) |

● 요일

| 일요일 | 월요일 | 화요일 | 수요일 | 목요일 | 금요일 | 토요일 |
|---|---|---|---|---|---|---|
| にちようび<br>(日曜日) | げつようび<br>(月曜日) | かようび<br>(火曜日) | すいようび<br>(水曜日) | もくようび<br>(木曜日) | きんようび<br>(金曜日) | どようび<br>(土曜日) |

● 날짜

| 1일 | 2일 | 3일 | 4일 | 5일 | 6일 | 7일 |
|---|---|---|---|---|---|---|
| ついたち<br>(一日) | ふつか<br>(二日) | みっか<br>(三日) | よっか<br>(四日) | いつか<br>(五日) | いか<br>(六日) | なのか<br>(七日) |
| 8일 | 9일 | 10일 | 11일 | 12일 | 13일 | 14일 |
| ようか<br>(八日) | ここのか<br>(九日) | とおか<br>(十日) | じゅういちにち<br>(十一日) | じゅうににち<br>(十二日) | じゅうさんにち<br>(十三日) | じゅうよっか<br>(十四日) |
| 15일 | 16일 | 17일 | 18일 | 19일 | 20일 | 21일 |
| じゅうごにち<br>(十五日) | じゅうろくにち<br>(十六日) | じゅうしちにち<br>(十七日) | じゅうはちにち<br>(十八日) | じゅうくにち<br>(十九日) | はつか<br>(二十日) | にじゅういちにち<br>(二十一日) |
| 22일 | 23일 | 24일 | 25일 | 26일 | 27일 | 28일 |
| にじゅうににち<br>(二十二日) | にじゅうさんにち<br>(二十三日) | にじゅうよっか<br>(二十四日) | にじゅうごにち<br>(二十五日) | にじゅうろくにち<br>(二十六日) | にじゅうしちにち<br>(二十七日) | にじゅうはちにち<br>(二十八日) |
| 29일 | 30일 | 31일 | 몇일 | | | |
| にじゅうくにち<br>(二十九日) | さんじゅうにち<br>(三十日) | さんじゅういちにち<br>(三十一日) | なんにち<br>(何日) | | | |

## ● 때의 전·후

| 그저께 | 어제(어저께) | 오늘 | 내일 | 모레 | 매일 |
|---|---|---|---|---|---|
| おととい | きのう(昨日) | きょう(今日) | あした, あす(明日) | あさって | まいにち |
| 지지난주 | 지난주 | 금주 | 다음주 | 다다음주 | 매주 |
| せんせんしゅう(先先週) | せんしゅう(先週) | こんしゅう(今週) | らいしゅう(来週) | さらいしゅう(さ来週) | まいしゅう(毎週) |
| 지지난달 | 지난달 | 이달 | 다음달(새달) | 다다음달 | 매월 |
| せんせんげつ(先先月) | せんげつ(先月) | こんげつ(今月) | らいげつ(来月) | さらいげつ(さ来月) | まいげつ(毎月) |
| 제작년 | 작년 | 금년 | 내년 | 내후년 | 매년 |
| おととし | きょねん(去年) | ことし(今年) | らいねん(来年) | さらいねん(さ来年) | まいねん(毎年) |

## ● 월·개월·년·주간

|   | 월(月) | 개월(個月) | 년(年) | 주간(週間) |
|---|---|---|---|---|
| 1 | いちがつ(一月) | いっかげつ(一か月) | いちねん(一年) | いっしゅうかん(一週間) |
| 2 | にがつ(二月) | にかげつ(二か月) | にねん(二年) | にしゅうかん(二週間) |
| 3 | さんがつ(三月) | さんかげつ(三か月) | さんねん(三年) | さんしゅうかん(三週間) |
| 4 | しがつ(四月) | よんかげつ(四か月) | よねん(四年) | よんしゅうかん(四週間) |
| 5 | ごがつ(五月) | ごかげつ(五か月) | ごねん(五年) | ごしゅうかん(五週間) |
| 6 | ろくがつ(六月) | ろっかげつ, はんとし(六か月) | ろくねん(六年) | ろくしゅうかん(六週間) |
| 7 | しちがつ(七月) | ななかげつ(七か月) | しちねん(七年) | ななしゅうかん(七週間) |
| 8 | はちがつ(八月) | はっかげつ(八か月) | はちねん(八年) | はっしゅうかん(八週間) |
| 9 | くがつ(九月) | きゅうかげつ(九か月) | きゅうねん, くねん(九年) | きゅうしゅうかん(九週間) |
| 10 | じゅうがつ(十月) | じっかげつ(十か月) じゅっかげつ(十か月) | じゅうねん(十年) | じっしゅうかん(十週間) じゅっしゅうかん(十週間) |
| 11 | じゅういちがつ(十一月) | じゅういっかげつ(十一か月) | じゅういちねん(十一年) | じゅういっしゅうかん(十一週間) |
| 12 | じゅうにがつ(十二月) | じゅうにかげつ(十二か月) | じゅうにねん(十二年) | じゅうにしゅうかん(十二週間) |
| 何 | なんがつ(何月) | なんかげつ(何か月) | なんねん(何年) | なんしゅうかん(何週間) |

## ● 시·분·초·시간

|  | 시(時) | 분(分) | 초(秒) | 시간(時間) |
|---|---|---|---|---|
| 1 | いちじ(一時) | いっぷん(一分) | いちびょう(一秒) | いちじかん(一時間) |
| 2 | にじ(二時) | にふん(二分) | にびょう(二秒) | にじかん(二時間) |
| 3 | さんじ(三時) | さんぷん(三分) | さんびょう(三秒) | さんじかん(三時間) |
| 4 | よじ(四時) | よんぷん(四分) | よんびょう(四秒) | よじかん(四時間) |
| 5 | ごじ(五時) | ごふん(五分) | ごびょう(五秒) | ごじかん(五時間) |
| 6 | ろくじ(六時) | ろっぷん(六分) | ろくびょう(六秒) | ろくじかん(六時間) |
| 7 | しちじ(七時) | ななふん(七分) | ななびょう(七秒) | しちじかん(七時間) |
| 8 | はちじ(八時) | はっぷん、はちふ(八分) | はちびょう(八秒) | はちじかん(八時間) |
| 9 | くじ(九時) | きゅうふん(九分) | きゅうびょう(九秒) | くじかん(九時間) |
| 10 | じゅうじ(十時) | じっぷん(十分) | じゅうびょう(十秒) | じゅうじかん(十時間) |
| 11 | じゅういちじ(十一時) | じゅういっぷん(十一分) | じゅういちびょ(十一秒) | じゅういちじか(十一時間) |
| 12 | じゅうにじ(十二時) | じゅうにふん(十一分) | じゅうにびょう(十二秒) | じゅうにじかん(十時間) |
| 何 | なんじ(何時) | なんぷん(何分) | なんびょう(何秒) | なんじかん(何時間) |
| 15 |  | じゅうごふん(十五分) |  |  |
| 20 |  | にじっぷん(二十分) |  |  |
| 30 |  | さんじっぷん(三十分) |  |  |

● 조수사(助数詞:개수 세는 것)

|   | 작은 물건<br>(달걀·오렌지 등) | 긴 물건<br>(연필·병 등) | 나이 | 구두·양말 등 |
|---|---|---|---|---|
| 1 | いっこ(一個) | いっぽん(一本) | いっさい(一歳) | いっそく(一足) |
| 2 | にこ(二個) | にほん(二本) | にさい(二歳) | にそく(二足) |
| 3 | さんこ(三個) | さんぼん(三本) | さんさい(三歳) | さんぞく(三足) |
| 4 | よんこ(四個) | よんほん(四本) | よんさい(四歳) | よんそく(四足) |
| 5 | ごこ(五個) | ごほん(五本) | ごさい(五歳) | ごそく(五足) |
| 6 | ろっこ(六個) | ろっぽん(六本) | ろくさい(六歳) | ろくそく(六足) |
| 7 | ななこ(七個) | ななほん(七本) | ななさい(七歳) | ななそく(七足) |
| 8 | はっこ(八個) | はっぽん(八本) | はっさい(八歳) | はっそく(八足) |
| 9 | きゅうこ(九個) | きゅうほん(九本) | きゅうさい(九歳) | きゅうそく(九足) |
| 10 | じっこ(十個) | じっぽん(十本) | じっさい(十歳) | じっそく(十足) |
| 何 | なんこ(何個) | なんぼん(何本) | なんさい, おいくつ(何歳) | なんぞく(何足) |

|   | 집 | 횟수(頻度) | 새 | 책 |
|---|---|---|---|---|
| 1 | いっけん(一軒) | いっかい(一回) | いちわ(一羽) | いっさつ(一冊) |
| 2 | にけん(二軒) | にかい(二回) | にわ(二羽) | にさつ(二冊) |
| 3 | さんけん(三軒) | さんかい(三回) | さんぱ(三羽) | さんさつ(三冊) |
| 4 | よんけん(四軒) | よんかい(四回) | よんわ(四羽) | よんさつ(四冊) |
| 5 | ごけん(五軒) | ごかい(五回) | ごわ(五羽) | ごさつ(五冊) |
| 6 | ろっけん(六軒) | ろっかい(六回) | ろくわ, るっぱ(六羽) | ろっさつ(六冊) |
| 7 | ななけん(七軒) | ななかい(七回) | ななわ(七羽) | ななさつ(七冊) |
| 8 | はっけん(八軒) | はっかい(八回) | はちわ, はっぱ(八羽) | はっさつ(八冊) |
| 9 | きゅうけん(九軒) | きゅうかい(九回) | きゅうわ(九羽) | きゅうさつ(九冊) |
| 10 | じっけん(十軒) | じっかい(十回) | じっぱ(十羽) | じっさつ(十冊) |
| 何 | なんけん(何軒) | なんかい(何回) | なんぱ(何羽) | なんさつ(何冊) |

|   | 작은 동물들 | 음료수 | 돈 | 순서 |
|---|---|---|---|---|
| 1 | いっぴき(一匹) | いっぱい(一杯) | いちえん(一円) | いちばん(一番) |
| 2 | にひき(二匹) | にはい(二杯) | にえん(二円) | にばん(二番) |
| 3 | さんびき(三匹) | さんばい(三杯) | さんえん(三円) | さんばん(三番) |
| 4 | よんひき(四匹) | よんはい(四杯) | よんえん(四円) | よんばん(四番) |
| 5 | ごひき(五匹) | ごはい(五杯) | ごえん(五円) | ごばん(五番) |
| 6 | ろっぴき(六匹) | ろっぱい(六杯) | ろくえん(六円) | ろくばん(六番) |
| 7 | ななひき(七匹) | ななはい(七杯) | ななえん(七円) | ななばん(七番) |
| 8 | はっぴき(八匹) | はっぱい(八杯) | はちえん(八円) | はちばん(八番) |
| 9 | きゅうひき(九匹) | きゅうはい(九杯) | きゅうえん(九円) | きゅうばん(九番) |
| 10 | じっぴき(十匹) | じっぱい(十杯) | じゅうえん(十円) | じゅうばん(十番) |
| 何 | なんびき(何匹) | なんばい(何杯) | いくら(何円) | なんばい(何番) |

| 사람 셀 때 | | | |
|---|---|---|---|
| 한 사람 | ひとり(一人) | 여섯 사람 | ろくにん(六人) |
| 두 사람 | ふたり(二人) | 일곱 사람 | ななにん, しちにん(七人) |
| 세 사람 | さんにん(三人) | 여덟 사람 | はちにん(八人) |
| 네 사람 | よにん(四人) | 아홉 사람 | きゅうにん(九人) |
| 다섯 사람 | ごにん(五人) | 열 사람 | じゅうにん(十人) |

## 숫자 쓰기

| 수 | 한자 | 일본어 | 쓰기 | |
|---|---|---|---|---|
| 1 | 一 | いち | いち | |
| 2 | 二 | に | に | |
| 3 | 三 | さん | さん | |
| 4 | 四 | し/よ/よん | し/よ/よん | |
| 5 | 五 | ご | ご | |
| 6 | 六 | ろく | ろく | |
| 7 | 七 | しち/なな | しち/なな | |
| 8 | 八 | はち | はち | |
| 9 | 九 | きゅう/く | きゅう/く | |
| 10 | 十 | じゅう | じゅう | |
| 11 | 十一 | じゅういち | じゅういち | |
| 12 | 十二 | じゅうに | じゅうに | |
| 13 | 十三 | じゅうさん | じゅうさん | |
| 14 | 十四 | じゅうよん・じゅうし | じゅうよん・じゅうし | |
| 15 | 十五 | じゅうご | じゅうご | |
| 16 | 十六 | じゅうろく | じゅうろく | |
| 17 | 十七 | じゅうしち・じゅうなな | じゅうしち・じゅうなな | |
| 18 | 十八 | じゅうはち | じゅうはち | |

| | | | | |
|---|---|---|---|---|
| 19 | 十九 | じゅうきゅう・じゅうく | じゅうきゅう・じゅうく | |
| 20 | 二十 | にじゅう | にじゅう | |
| 30 | 三十 | さんじゅう | さんじゅう | |
| 40 | 四十 | よんじゅう・しじゅう | よんじゅう・しじゅう | |
| 50 | 五十 | ごじゅう | ごじゅう | |
| 60 | 六十 | ろくじゅう | ろくじゅう | |
| 70 | 七十 | しちじゅう・ななじゅう | しちじゅう・ななじゅう | |
| 80 | 八十 | はちじゅう | はちじゅう | |
| 90 | 九十 | きゅうじゅう | きゅうじゅう | |
| 100 | 百 | ひゃく | ひゃく | |
| 200 | 二百 | にひゃく | にひゃく | |
| 300 | 三百 | さんびゃく | さんびゃく | |
| 400 | 四百 | よんひゃく | よんひゃく | |
| 500 | 五千 | ごひゃく | ごひゃく | |
| 800 | 八百 | はっぴゃく | はっぴゃく | |
| 900 | 九百 | きゅうひゃく | きゅうひゃく | |
| 1,000 | 千 | せん | せん | |
| 2,000 | 二千 | にせん | にせん | |
| 3,000 | 三千 | さんぜん | さんぜん | |
| 4,000 | 四千 | よんせん | よんせん | |
| 5,000 | 五千 | ごせん | ごせん | |

| 수 | 한자 | 일본어 | 쓰기 | |
|---|---|---|---|---|
| 6,000 | 六千 | ろくせん | ろくせん | |
| 7,000 | 七千 | ななせん | ななせん | |
| 8,000 | 八千 | はっせん | はっせん | |
| 9,000 | 九千 | きゅうせん | きゅうせん | |
| 10,000 | 一万 | いちまん | いちまん | |
| 100,000 | 十万 | じゅうまん | じゅうまん | |
| 1,000,000 | 百万 | ひゃくまん | ひゃくまん | |
| 10,000,000 | 千万 | せんまん | せんまん | |

| 수 | 한자 | 일본어 | 쓰기 |
|---|---|---|---|
| 한 명 | 一人 | ひとり | ひとり |
| 두 명 | 二人 | ふたり | ふたり |
| 세 명 | 三人 | さんにん | さんにん |
| 네 명 | 四人 | よにん | よにん |
| 다섯 명 | 五人 | ごにん | ごにん |
| 여섯 명 | 六人 | ろくにん | ろくにん |
| 일곱 명 | 七人 | しちにん | しちにん |
| 여덟 명 | 八人 | はちにん | はちにん |
| 아홉 명 | 九人 | きゅうにん | きゅうにん |
| 열 명 | 十人 | じゅうにん | じゅうにん |

## 기초 회화 문장 쓰기

| おはようございます。 | おはよう |
|---|---|
| [오하요-고자이마스] 안녕하십니까? (아침 인사) | [오하요-] 안녕? (아침 인사) |
| おはようございます。 | おはよう。 |

| こんにちは。 | こんばんは。 |
|---|---|
| [곤니찌와] (낮 인사) | [곰방와] (저녁 인사) |
| こんにちは。 | こんばんは。 |

| おげんきですか | おかげさまで |
|---|---|
| [오겡끼데스까] 건강하십니까? | [오까께사마데] 덕분에 잘 지냅니다. |
| おげんきですか。 | おかげさまで。 |

| | |
|---|---|
| **おめでとうございます。**<br>[오메데또-고자이마스]<br>축하드립니다.<br>おめでとうございます。 | **はじめまして。**<br>[하지메마시떼]<br>처음 뵙겠습니다.<br>はじめまして。 |
| **どうぞ よろしく おねがいします。**<br>[도-조 요로시꾸 오네가이시마스]<br>잘 부탁드립니다.<br>どうぞ よろしく おねがいします。 | **おあい できて うれしいです。**<br>[오아이 데키테 우레시이 데스]<br>만나서 반갑습니다.<br>おあい できて うれしいです。 |
| **いただきます。**<br>[이따다끼마스]<br>잘 먹겠습니다.<br>いただきます。 | **ごちそうさまでした。**<br>[고찌소-사마데시따]<br>잘 먹었습니다.<br>ごちそうさまでした。 |

| | |
|---|---|
| **しつれいします。** | **すみません。** |
| [시쯔레-시마스]<br>실례합니다. | [스미마셍]<br>미안합니다. |
| しつれいします。 | すみません。 |
| | |
| | |
| **ありがとうございます。** | **ありがとう。** |
| [아리가또-고자이마스]<br>감사합니다. | [아리가또-]<br>고마워. |
| ありがとうございます。 | ありがとう。 |
| | |
| | |
| **どうぞ よろしく。** | **ごくろうさまで。** |
| [도-조요로시꾸]<br>잘 부탁드립니다. | [고꾸로-사마]<br>수고하셨습니다. |
| どうぞ よろしく。 | ごくろうさまで。 |
| | |
| | |

| どうもありがとう。 | どういたしまして。 |
|---|---|
| [도-모아리가또-]<br>정말 고맙습니다. | [도-이따시마시떼]<br>천만에요. |
| どうもありがとう。 | どういたしまして。 |
|  |  |
|  |  |

| さようなら。 | では また。 |
|---|---|
| [사요나라]<br>안녕히 계(가)십시오. | [데와 마따]<br>그럼 또 만나요. |
| さようなら。 | では また。 |
|  |  |
|  |  |

| いっていらっじゃい。 | いってきます。 |
|---|---|
| [잇떼이랏샤이]<br>다녀오십시오. | [잇떼끼마스]<br>다녀오겠습니다. |
| いっていらっじゃい。 | いってきます。 |
|  |  |
|  |  |

| ただいま。 | おかえりなさい。 |
|---|---|
| [타다이마]<br>다녀왔습니다. | [오까에리나사이]<br>어서 오세요. |
| ただいま。 | おかえりなさい。 |
|  |  |
|  |  |
|  |  |

| あれはなんですか。 | これ | それ | だれ |
|---|---|---|---|
| [아레와난데스까]<br>저것은 무엇입니까? | [코레]<br>이것 | [소레]<br>그것 | [다레]<br>누구 |
|  | これ | それ | だれ |
|  |  |  |  |
|  |  |  |  |
|  |  |  |  |

| これは ほんです。 | あなたどなたですか? |
|---|---|
| [코레와 혼데스]<br>이것은 책입니다. | [아나따와 도나따데스까]<br>당신은 누구십니까? |
| これは ほんです。 | あなたどなたですか? |
|  |  |
|  |  |
|  |  |

| わたしは せりかわです。 | それは あなたの ボールペンですか。 |
|---|---|
| [와따시와 세리까와데스]<br>(나는 세리까와입니다.) | [코레와 아나따노 보루펜데스까]<br>이것은 당신의 볼펜입니까? |
| わたしは せりかわです。 | それは あなたの ボールペンですか。 |
|  |  |
|  |  |
|  |  |

| はい, そうです。 | いいえ。 |
|---|---|
| [하이 소-데스]<br>네, 그렇습니다. | [이-에]<br>아니요. |
| はい, そうです。 | いいえ。 |
|  |  |
|  |  |
|  |  |

## 탁음(濁音, だくおん)

| 行＼段 | あ단 | | い단 | | う단 | | え단 | | お단 | |
|---|---|---|---|---|---|---|---|---|---|---|
| か행 | が ga | ガ | ぎ gi | ギ | ぐ gu | グ | げ ge | ゲ | ご go | ゴ |
| さ행 | ざ za | ザ | じ zi | ジ | ず zu | ズ | ぜ ze | ゼ | ぞ zo | ゾ |
| た행 | だ da | ダ | ぢ ji | ヂ | づ zu | ヅ | で de | デ | ど do | ド |
| は행 | ば ba | バ | び bi | ビ | ぶ bu | ブ | べ be | ベ | ぼ bo | ボ |

## 반탁음(半濁音, はんだくおん)

| は행 | ぱ pa | パ | ぴ pi | ピ | ぷ pu | プ | ぺ pe | ペ | ぽ po | ポ |
|---|---|---|---|---|---|---|---|---|---|---|

## 요음(拗音, ようおん)

| か행 | | さ행 | | た행 | |
|---|---|---|---|---|---|
| きゃ<br>kya | ぎゃ<br>gya | しゃ<br>sya | じゃ<br>zya | ちゃ<br>chya | ぢゃ<br>zya |
| きゅ<br>kyu | ぎゅ<br>gyu | しゅ<br>syu | じゅ<br>zyu | ちゅ<br>chyu | ぢゅ<br>zyu |
| きょ<br>kyo | ぎょ<br>gyo | しょ<br>syo | じょ<br>zyo | ちょ<br>chyo | ぢょ<br>zyo |

| な행 | は행 | | ま행 | ら행 |
|---|---|---|---|---|
| にゃ<br>nya | ひゃ<br>hya | びゃ<br>bya | ぴゃ<br>pya | みゃ<br>mya | りゃ<br>rya |
| にゅ<br>nyu | ひゅ<br>hyu | びゅ<br>byu | ぴゅ<br>pyu | みゅ<br>myu | りゅ<br>ryu |
| にょ<br>nyo | ひょ<br>hyo | びょ<br>byo | ぴょ<br>pyo | みょ<br>myo | りょ<br>ryo |